AF360245

ADDITIONS ET CORRECTIONS
à la Chorographie & à l'Histoire
de Provence.

ADVERTISSEMENT AV LECTEVR.

E n'est pas chose hors d'vsage d'exemple, de voir des Additions & des corrections aux ouvrages les plus acheués, & principalement au sujet des Histoires, qui ne sont fondées que sur des faits, & bien souvent bien cachés, pour la connoissance desquels, il faut du temps pour les decouvrir. L'on void fort peu d'Historiens modernes, qui ne soient dans cette disposition d'ajoûter & de corriger, si leurs ouvrages sont reimprimés, ou s'ils en font de nouveaux. Baronius s'est rendu admirable en ses Additions, à la fin de chaque Tome; & ne fait point de difficulté de se retracter bien souvent, en ses Commentaires sur le Martyrologe Romain, touchant ce qu'il auoit dit en ses Annales. Sur le cinquième jour du mois de May il se retracte deux fois, & corrige ce qu'il auoit dit, sans en estre bien asseuré, de deux des plus grands personnages, qui ayent jadis esté en l'Eglise de Dieu; sçavoir, de S. Hilaire Euéque d'Arles, & du grand S. Augustin. Et certes, *omnium habere memoriam, & penitus in nullo errare, Diuinitatis magis est, quàm mortalitatis*, dire toûjours vray, & ne faillir jamais en paroles, cela tient plûtôt de la Divinité que de l'humanité; ainsi que dit l'Empereur Iustinian. *in l. 2. §. si quid, Cod. de Vet. jure enucleando.*

Mais comme c'est vne grande vertu, & que ce n'est pas chose honteuse de se dédire & de se corriger, quand on connoit l'erreur, puisque l'erreur en matiere de fait, comme sont les Histoires, peut aussi bien arriuer en la personne même de celuy qui est infaillible & qui ne peut errer en matiere de foy: Ie ne fais point de difficulté, non seulement d'ajoûter des choses qui seruent d'éclaircissement à l'obscurité de l'Histoire de cette Province: mais encore de corriger les endroits où il y a eu de l'erreur, à faute de plus veritables titres & instructions.

Neantmoins il ne faut pas attendre icy la correction de tant de choses, où l'Aütheur de l'Histoire de la Ville d'Aix, dit qu'il y a de l'erreur, hors d'vn passage, où il a insinué qu'il pouvoit y auoir de l'erreur, sans toutesfois le preuver, lors que je dis que l'arriuée du Roy François premier en cette Prouince, reuenant d'Italie, fut par Mer, & son entrée par la Ville de Tolon, je ne me rends pas, & ne donne point les mains pour tout le reste. I'ay corrigé cela, faisant entrer ce Roy en Provence, à son premier voyage qu'il y fit, reuenant d'Italie, par le Mont-Geneure, & par la Ville de Sisteron, & l'ay prouué par des raisons demonstratiues en ces corrections, sur la page 531. du second Tome. Et je puis dire de cet esprit critique, pour raison de cette seule condamnation, ce que Iules Cesar, *Eutrop. Lib. 6.* au rapport d'Eutrope, disoit, parlant du combat qu'il eut auec Pompée le grand, *que ce Pompée ne sçauoit pas vaincre, & que c'estoit seulement en ce jour là, auquel il pouvoit estre surmonté.*

En effet, si tout le reste est leu auec vn sentiment deliuré de la passion d'enuie, aymant la verité; & auec vn esprit de discernement des fautes essentielles, & des accidentelles en quelques circonstances, des fautes qui peuvent estre faites par vn Autheur, lors qu'il parle de son sentiment particulier, ou qu'il le raporte d'autruy, & de celles qui arriuent à l'Imprimerie, l'on jugera que la pluspart de ces pretenduës erreurs, sont des illusions

Tome I. ¶

d'vn eſprit touché d'enuie & de vanité, qui pour bien ſe releuer à la façon d'vne balance, tâche d'abaiſſer les autres, ſur des pointilles, par des ſiniſtres interpretations des choſes occurrentes, & par des procedures de mauvaiſe foy.

Ie ne veux auancer qu'vn ſeul exemple, parmi beaucoup d'autres, que j'ay obſerués dans cette Hiſtoire, pour la preuve de tout ce que je viens de dire. C'eſt choſe aſſés triuiale en Prouence, qu'on y croit vulgairement qu'auec ſainte Magdaleine, vinrent en méme temps les autres Saints, qu'on y honnore, comme les SS. Lazare, Maximin & les autres. Or cet Autheur ne peut pas ignorer que nous nayons dit & preuvé, en diuers endroits de nos liures Latin & François pour la defenſe de Ste. Magdaleine, & dans nôtre Chorographie & Hiſtoire de cette Prouince, ſoit dans la marge, ſoit dans le corps du diſcours, que l'arriuée de tous ces Saints en Prouence, fut l'an ſoixante-deux de la Natiuité de nôtre Sauveur. Et neantmoins parce que l'Imprimeur au Catalogue des Archeuéques d'Aix, & à celuy des Euéques de Marſeille, a mis au côté de S. Lazare l'an 46. & au coté de S. Maximin l'an 65. il tire des concluſions d'erreur & de contradictions: I'en ſuis d'accord ; mais c'eſt contre la bonne foy, ne voulant point attribuer ces fautes à l'Imprimerie, qui erre plus facilement aux charactères des chifres, qu'en l'écriture des mots. La méme condamnation a-t-il faite pour quelques autres Euéques de Prouence, qui n'ont pas à leur coſté le vray nombre des années de leur regne, & prend occaſion de là de crier au menteur. Et pour le nom de quelques Archeuéques, qu'il ne trouve pas dans ſes memoires, je ne fais que de les rapporter de ceux qui en font mention, comme des Sieurs de Ste. Marthe, & du Pere Iean Iacques Auguſtin : que s'ils diſent faux, je n'en ſuis pas garent, & la faute (s'il y en a) ne doit pas m'eſtre attribuée.

D'autre part, l'on ſçait bien qu'on ne raconte jamais vn fait d'vne méme façon, non ſeulement dans vne méme Prouence, mais encore dans vne méme Ville, les vns diſent d'vne ſorte, les autres d'vn autre : les vns retranchent, les autres ajoûtent ſur quelques accidents & circonſtances, parmi leſquelles s'il arriuoit de l'erreur, faudroit-il pour cela crier *au voleur, au menteur*. Vn peu de charité ou Chreſtienne ou naturelle couvre, au témoignage de l'Apôtre, vne multitude de manquemens. Mais il n'eſt quaſi rien de plus contraire à la charité, que la vanité de ſe faire eſtimer ſçauant : ſe perſuadant de le bien faire paroitre en cenſurant à tout propos, ſoit bien, ſoit mal, les ouvrages des autres, ſuiuant la doctrine de Diogenes le Cynique (c'eſt à dire le Chien aboyant) dans Lucien
Lucian tom. 1. au Dialogue des ſectes des Philoſophes, diſant, *il faut eſtre audacieux, effronté, gronder tout le monde, & trouver à dire à tout : car c'eſt le moyen de ſe faire admirer*. Et certes c'eſt tout le contraire : car j'ay obſerué par beaucoup d'exemples que les gens de cette ſorte ſont des eſprits fort mediocres & fort peu judicieux ; & que ne pouvant atteindre à rien de grand, ny d'acheué, ils s'attachent à piquoter à la façon des Guéspes, qui ne pouvant faire du miel, ne ſe font connoitre & eſtimer que par la pointe de leur aiguillon : & ſont
Ouid. Metam. 5. comme les Pierides de la fable, qui ne pouvant approcher à la douceur du chant des Muſes, qu'elles auoient defiées à chanter, feurent changées par les Dieux, en punition de leur temerité, en des Pies criardes & babillardes.

I'auois dreſſé vne liſte de tous les paſſages de nôtre Hiſtoire, où ce Critique eſtime qu'il y a de l'erreur, & m'eſtois efforcé de les deffendre & juſtifier : Comme auſſi j'auois dreſſé vne autre liſte des paſſages de ſon Hiſtoire, où il y a dequoy corriger : mais (me ſouvenant du mépris que le Lyon fit de la Grenoüille, lors qu'il la vid ſortir hors du Marais, de laquelle il croyoit auparauant auoir eſté offenſé par ſes crieries : & de celuy de l'Elephant, qui ne voulut point combatre auec le Rat, quoy qu'il le prouocât à
Eſop. & Phedr. combatre, auec beaucoup d'injures, parmi les fables d'Eſope, & celles de Phedre) j'ay treuvé à propos de ſupprimer tout cela, me contentant de dire que ce Critique s'eſt fait ſon proces, ſans que j'auance les pieces pour me deffendre, ny celles pour le condamner, & qu'auec le temps viendra quelque Eſcriuain, qui trouvant vn aſſés beau ſujet, tel qu'eſt l'Hiſtoire de la principale Ville de Prouence, lequel n'a point eſté traitté dans l'ordre, ny dans la forme que requierent les ſujets de cette ſorte (outre que pour la matiere l'Autheur n'a pas dit ce qu'il deuoit, n'y diſant rien des choſes Eccleſiaſtiques, les renuoyant à vn autre Liure qu'il deuoit faire, & a dit ce qu'il ne deuoit pas, puis que tout ce qu'il dit a eſté remarqué & dit, par ceux qui ont écrit deuant luy : ainſi que m'a fait ſçauoir vn Eſcriuain de ce ſiecle, me parlant de cette Hiſtoire de la Ville d'Aix)

examinera les ouvrages de l'vn & de l'autre : jugera , ſi pour parler ſur le témoignage
d'autruy , ou pour auoir oublié , ou volontairement obmis , ou changé quelques circonſtances d'vn fait , retenant toutesfois la ſubſtance , il y a lieu dans la ſincerité de crier à
tous momens au menteur , & remarquant ce qui eſt de l'vn & ce qui n'eſt pas de l'autre,
fera juſtice , & rendra à vn chacun ce qui luy eſt deû.

Cependant comme je n'auois entrepris le trauail de l'Hiſtoire de cette Province, que
pour l'vtilité publique , & pour donner du jour en beaucoup d'endroits de cette Hiſtoire,
où l'on ne voyoit que des tenebres ; àuſſi ſuis je porté de même ſentiment au ſujet de ces
Additions. Il reſtoit encore quelques petites difficultés à reſoudre , & ayant eſté aſſés
heureux que d'auoir depuis rencontré quelques Chartes, & conferé auec quelques perſonnes bien éclairées ſur ces matieres , d'où j'ay tiré beaucoup d'éclairciſſement , pour ne
trahir la paſſion que j'ay de proſiter au public, je me ſens obligé de faire voir le jour , &
d'empecher la perte à ce qui peut ſeruir d'ornement, & d'intelligence à la même Hiſtoire. Ie ſouhaite que le tout ſoit receu auec vn eſprit d'aggréement , & ſans enuie :
comme il a eſté conçeu , reſolu & executé auec vn ſentiment d'amour pour la Patrie,
& pour la verité.

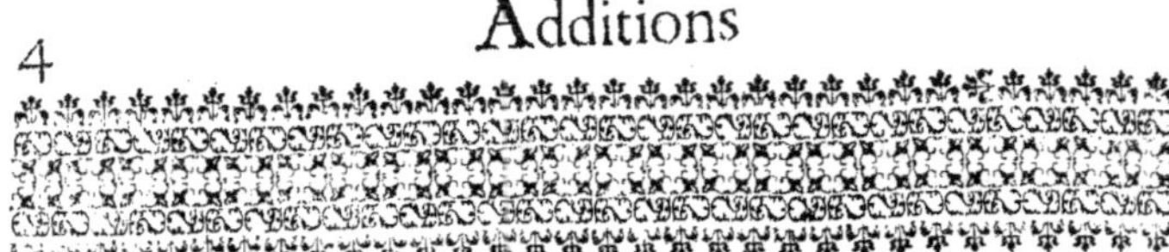

ADDITIONS
ET
CORRECTIONS
A LA CHOROGRAPHIE
& à l'Hiſtoire de Provence.

Au Tome premier ſur la Chorographie.

La Provence dite anciennement Provincia Gallia,

E N *la page* 6. *ligne* 31. *ajoûtés.* C'eſt ainſi que Ciceron, en l'oraiſon contre Piſon, appelle la PROVENCE, *Prouincia Gallia* : Qui luy eſtoit écheüe en partage de ſon gouvernement, & qu'il remit à Antonius ſon Collegue en ſon Conſulat, contre la volonté du peuple ; & qu'il loüe grandement de ſes forces & richeſſes, diſant : *Ego* PROVINCIAM GALLIAM *Senatus authoritate,* EXERCITV & PECVNIA *inſtruētam & ornatam, quam cum Antonio communicaui, quod ita exiſtimabam tempora reipublicæ ferre, in concione depoſui, reclamante populo Romano.* Or que cette Prouince ſoit la Prouence, il appert de ce que dit Saluſte, ſur la fin de la guerre de Iugurthe, diſant. *Marius Conſul abſens faētus eſt, & ei decreta* PROVINCIA GALLIA. Or nous ſçauons d'ailleurs que Marius a demeuré long-temps en Prouence, pour y attendre les Cimbres & les Teutons.

A la page 8. *du* §. VIII. Si la Prouence a eſté autrefois compriſe ſous la Septimanie, *aioûtés,* & ſous l'Aquitaine : ou ſi autrefois elle a eſté dite AQVITAINE.

La Provence n'a jamais eſté partie de la Septimanie, ny de l'Aquitaine.

A la fin de ce §. 8. *il faut aioûter.* Quand au ſujet de l'Aquitaine, il eſt vray que quelques Autheurs du neufviéme, dixiéme, & onziéme Siecles, parlant de quelques choſes qui appartiennent à la Prouence, la qualifient du nom d'Aquitaine ; comme Frodoard, parlant des Sarrazins du Traxinet : Luitprand, parlant de Raymond Prince de Gothie, qui auoit épouſé Berthe, niéce de Hugues Roy d'Arles & d'Italie : Leo Oſtienſis, parlant de ce méme Roy Hugues : Glaber, parlant de Conſtance femme du Roy Robert, & fille de Guillaume I. Comte d'Arles : Nicolas Gilles, parlant du couronnement du Roy Bozon ; toutes leſquelles choſes nous verrons plus amplement en l'Hiſtoire. Mais c'eſt vne erreur du temps, & vne ignorance de la vraye Geographie en ces Hiſtoriens. Iamais *l'Aquitaine* ne s'eſt étenduë vers l'Orient, gueres plus en deça que de la Ville d'Aqs en Gaſcogne, dite anciennement *Aquæ Auguſta,* fort recommandable aux Romains pour la bonté de ſes Bains ; d'où eſt venu le nom d'*Aquitania,* mémes du temps de l'Empereur Auguſte, au témoignage de Pline. Et bien que par la ſucceſſion du temps, la méme Aquitaine ſe ſoit amplement étenduë, & vers le Couchant & vers le Septentrion, en façon qu'on en a fait autrefois deux Prouinces ; toutesfois elle n'a jamais paſſé ny deçà le Rhône ny deçà Loire. Et ce qui a donné ſujet à cette erreur, c'eſt vray ſemblablement, que, comme de la Ville d'Aqs, dite *Aqua Auguſta,* toute la contrée a eſté ſurnommée Aquitaine, ainſi de la Ville d'Aix, dite *Aquæ Sextia,* toute la Prouince, dont elle eſt Metropolitaine, deuoit auſſi ſe ſurnommer Aquitaine. Voyés vn plus ample & fort doēte diſcours ſur cecy, en la Preface de la Genealogie des Comtes de Poiētou, & Ducs de Guienne de Iean Beſly, Aduocat du Roy au Siege Royal de Fontenay le Comte en ſon Hiſtoire de Poiētiers.

A la page 10. fur le fujet de la declinaifon de l'aimant, le même Prieur de Roque-feüeil, dont j'y ay parlé, m'a affeuré que fur la même ligne Meridienne, & par les mêmes inftrumens, en prefence du R. P. Regis Iefuifte, il a fait fon operation le 4. Feurier 1663. & a trouvé que l'aiguille d'aimant ne declinoit tout à fait rien, & que l'an 1665. faifant la même operation il a trouvé qu'elle declinoit de 30. minutes deuers le couchant : & partant qu'elle retournoit au lieu d'où elle eftoit venuë, apres auoir atteint juftement la ligne Meridienne. *De la declinaifon de l'aimant.*

A la page 37. fur le fujet de cette Fontaine merveilleufe du flux & reflux, au terroir de Colmars, *aioûtés* qu'on voyoit jadis prefque la même chofe en cette celebre Fontaine de Siloe, au pied du mont Sion (où l'Aueugle nay, par le commandement du Fils de Dieu, alla fe baigner, & où il recouvra la veüe, Ioan. 9.) laquelle ne couloit pas continuelle-ment, mais à certaines heures du jour auec quelque bruit, comme fait aujourd'huy celle de Colmars; c'eft ainfi que l'affeure S. Hierôme fur le Chap. 8. d'Ifaïe, difant, *Siloam autem Fontem effe ad radicem montis Sion, qui non jugibus aquis, fed incertis horis diei ebul-liat, & per terrarum concaua, ad antra faxi duriffimi, cum magno fonitu veniat, dubitare non peffumus, nos prafertim, qui in hac habitamus Prouincia.* *De la Fontaine de Colmars avec fon flux & reflux.*

A la page 57. au fujet du Dieu Bacchus, *aioûtés*, & pour vn autre preuve plus éuidente que Bacchus fut adoré en cette Prouince, eft la figure en marbre de ce Dieu, fous la for-me d'vn jeune adolefcent, affeublé de la peau d'vne Chevre; tenant en fa droite vn rai-fin, & en fa gauche vn pan de la peau de cette Chevre, en forme de Panier, où il y auoit des grenades, des figues & autres fruits. Figure trouvée dans vne vrne de terre, il y a cinq ou fix ans, au lieu de S. Zacharie, & qu'on void encore parmi les raretés du Cabinet du tres-curieux Sieur de Lautier à Aix. *Bacchus adoré en Provence.*

Pour la page 64. voyez dans le Martyrologe de Baronius, à la fin des annotations fur Flauia Domitilla, au 7. de May, la vraye explication de ce mot *Anabolium* ou *Anabola-dium*, dont je parle en la page 64. expliquant l'infcription du Dieu Efculape, difant que c'eft proprement vn linge, dont les femmes fe couvrent le fein & les épaules. *Explication du mot Anabolium.*

A la même page 64. où il eft parlé des Nymphes, ajoûtés apres la ligne 35. qu'il fe trouva dernierement au terroir du Puëch (à vn lieu où il y a des Fontaines, dont les eaux font en quelque façon mirerales, tenant plus de l'amertume que de la faleure) la fuiuan-te infcription qui eft aujourd'huy en l'étude du Sieur Dille Aduocat, difant *Les Nymphes ado-rées en Provence.*

NYMPHYS

V. S. L. M.

C. P

SATVR.

A la page 71. où il eft parlé de la façon d'enfeuelir les morts, & de l'eau benite dans vn pot de terre, qu'on enfermoit dans le tombeau en cette Prouince, *aioûtés :* Vn ancien Autheur Ecclefiaftique, nommé Iean Beleth, Docteur de Paris, qui viuoit il y a plus de 500. ans, enuiron 1160. au traitté *de Diuin. Offic. Cap.* 161. parlant de la façon d'enfe-uellir les morts, rend vn autre raifon de cette eau benite, enfermée dans les Tombeaux; c'eft, dit il, pour en chaffer les Demons, qui non contents de tourmenter bien fouvent les hommes durant leur vie, veulent encore continuer leur rage fur les corps des mêmes hommes apres leur mort, difant, *deinde ponitur in fepulchrum, & iftic aqua benedicta po-nitur, ne ad corpus Damones accedant, quos huiufmodi aqua abigit, & propellit. Solent enim Diaboli fapenumero in mortuorum defauire corpora, & quod non potuerunt in vita, id faciant faltem poft mortem.* La même raifon auance Guill. Durand, qui viuoit au Siecle fuiuant, & qui cite fouvent cet Autheur, *Lib.* 7. *de rationali offic. cap.* 35. *n.* 38. *De l'eau benite dans le tombeau des morts.*

A la page 172. le lieu de Mentale, où fut tenu ce celebre Concile *Mantalenfe*, & où nôtre Roy Bozon fut coronné l'an 879. a donné beaucoup de peine aux Efcriuains pour fçauoir l'endroit où il faut le loger. Mais comme le Sieur de Guichenon, qui en l'Hi-ftoire de Breffe le logeoit, comme nous auions fait en la page 172. & 762. du premier Tome, en vn beau lieu de plaifance, dit *Vallis aurea*, Valloire & Mantou, entre Vienne & Valance, a changé d'aduis en l'Hiftoire de Sauoye, & a dit que c'eftoit la Ville de Montmeillan, comme eftime le tres-fçauant Geographe le Sieur Sanfon, nous nous confeffons obligés au même changement, & apres en auoir conferé à Paris auec le mê-me Sanfon, de foufcrire à fon opinion, que c'eft Montmeillan, quelques raifons qu'on puiffe auancer, qu'il y ait vn Village en Dauphiné, proche de Vienne, qui s'appelle *En quelle part eft Mentale, où a efté te-nu le Concile Mantal-lenfi.*

Mantaille, & en la Carte de Dauphiné, *Mantou*, diftant de trois lieües du Rhône, fix de Vienne, & neuf de Grenoble, appartenant au Sieur du Cros Gentilhomme de Dauphiné, dont le Prieuré fous le titre de S. Pierre, eft de l'ordre S. Benoit, fis à vn terroir fort fertile & agreable, & partant que ce village eft vray femblablement l'ancienne Mentale. Car puis que la Table itineraire de Peutinger & l'Itineraire d'Antonin, qui font les vrays luges fouverains, fur les difficultés de la Geographie ancienne, font d'accord, & difent enfemblement, que cette Mentale fe trouve fur le chemin, pour venir d'*Augufta Prætoria Salafforum*, qui eft Aoufte, à la Ville de Vienne, lequel chemin paffe dans la Sauoye & par Montmeillan, & ne defcend nullement vers les plus bas lieux de Dauphiné, il faut conclurre que cette Mentale n'eft point dans le Dauphiné, mais bien dans la Sauoye, & qu'elle ne peut eftre, vray femblablement, que la Ville de Montmeillan, comme il appert par l'interpretation de tous les Villages, qui fe trouvent fur cette route, qui paffe par la Tarantaife.

Table Itineraire de Peutinger.	**L'Itineraire d'Antonin.**
Augufta Prætoria, Aoufte.	*Augufta Prætoria*.
Arebringium, Morges, 25. mill.	*Arebrigium* 24. mill.
Artolica, la Tuile, 16. mil.	
In Alpe Gaja, le petit S. Bernard 11. mil.	
Birgintrum, S. Mauriz 9. mil.	*Birgintrum* 19. mil.
Axuma, Aime 10. mil.	
Darantafia, Mouftiers 13. mil.	*Tarantafia* 13. mil.
Obilonna, 3. mil.	*Oblixium* 3. mil.
Ad Publicanos, Conflans 16. mil.	*Ad Publicanos* 16. mil.
MANTALA, Montmeillan 16. mil.	*MANTAVAM* 16. mil.
Leminco, Lumbin 14. mil.	*Lemincum* 14. mil.
Larifcone, les Efchelles 14. mil.	*Labifcone* 14. mil.
Auguftum, Aofte 12. mil.	*Augufta* 16. mil.
Bergufium, Bourgoin 21. mil.	*Bergufium* 20. mil.
Vigenna, Vienne 17. mil.	*Vienna* 23. mil.

Il eft en outre à noter, qu'entre Vienne & *Burgufium* Bourgoin, il y a des Villages qui ont retenu encore aujourd'huy le nom des pierres milliaires, qu'on mettoit fur les chemins militaires, comme *Setteme*, *Ouitres*, *Dieme*, qui veut dire la feptiéme, huictiéme, & dixiéme pierre miliaire, qui eft vn argument, que pour aller de Vienne à *Augufta Prætoria Salaffcrum*, il falloit monter à Bourgoin, & non pas defcendre pour paffer à Mantou vers Valance. Ioint à cela que de Vienne à Mantaille ou Mantou du jourd'huy, il n'y a que fix lieües de diftance; & entre la veritable Mentale jufques à Vienne, il y auoit foixante dix-huit milles, felon la Table de Peutinger, & quatre vingts & trois felon l'Itineraire d'Antonin : lefquelles reduites à nos lieües, à quatre milles par lieüe, feroient prés de vingt lieües de diftance, depuis Mentale jufques à Vienne.

La Ville d'Aix compofée de trois Villes. A la page 203. de ces trois Villes qui compofoient enciennement la Ville d'Aix : fçauoir, la Ville Archiepifcopale, à Nôtre-Dame de la Seds, le Bourg S. Sauveur, & la Ville dite Comtale, qui venoit jufques au Palais, cette derniere eftoit quafi incomparablement plus grande que les autres deux enfemble, dautant qu'on trouve qu'en vne affemblée tenuë entre les Scindics de ces trois Villes & les Procureurs, aux noms de l'Archeuéque, du Chapitre S. Sauveur, & des Ordres Religieux poffedants biens de la même Ville, fur le fujet des impofitions de la taille qu'il falloit faire, pour la fabrique & entretien des Ponts, Fontaines & Chemins publiques, faifant vn comble de douze parts; l'Archevéque fut taxé pour vne douziéme; la Ville des Tours ou Archiepifcopale pour vne autre douziéme; le Chapitre pour vne autre douziéme; le Bourg S. Sauveur pour vne autre douziéme; les Ordres Religieux pour vne autre douziéme & demy; & la Ville Comtale pour fix douziémes & vne demy, comme il eft marqué dans vn liure de la Maifon de Ville. Mais la datte de l'an 1218. ne conuient pas auec le regne y defigné de Charles Roy de Sicile, &c.

Temps de la creation des Confuls d'Aix. A la page 204. *ligne* 16. fur ce qui y eft dit, que les Confuls de la Ville d'Aix eftoient élcus le Samedy plus proche de la S. Michel : il y a eu du depuis du changement, par

Lettres patentes du Roy l'an 1668. & l'élection se fait maintenant le Samedy le plus proche de la Feste S. André, le 30 Nouembre, pour entrer en l'exercice de la charge le premier Ianuier suiuant.

A la page 206. à cet Archeuéque d'Aix nommé *Iacobus*, au côté de qui il n'y a point d'année marquée, ajoûtés, *Iacobus de Concaffio*, Religieux de S. Dominique, enseueli dans son Conuent à Aix.

Vn Archevêque d'Aix.

A la page 208. apres la ligne 14. *aioûtés, en chef*

Cette belle Place des Freres Precheurs, dont nous venons de parler, estoit anciennement, & vers l'an 1390. le Cimetiere de l'Eglise de ces Religieux, tout clos de hautes murailles, d'vn bout à l'autre; y ayant deux grandes portes pour y entrer, & aller dans l'Eglise. La premiere estoit au deffous de la Croix de pierre, deuant la maison du Sieur Conseiller de Perier, & estoit la principalle, puis qu'elle estoit tout audeuant d'vne porte de la Ville, appellée Porte S. Soufpir, & proche de la maison du Roy; & l'autre estoit à l'opposite de la grande porte du Conuent du jourd'huy pour entrer dans la ruë, qui va à la place des trois Ormeaux, laquelle fut abbatuë feulement l'an 1615. auec toutes les murailles qui enfermoient ce Cimetiere, dans lequel on ne pouvoit entrer que par les susdites portes, dont les Clefs estoient gardées par les Religieux, qui les fermoient aussi tôt apres l'Office acheué, ainsi qu'on lit dans les vieux liures de ce Conuent. Ou j'ay aussi remarqué que ces trois beaux Arbres dits *Micacoultiers*, plantés en cette même Place de ces Religieux, ne sort pas si anciens qu'estimoit le Sieur Gaffendy en sa Physique; & qu'ils furent plantés aux dépens de ces mémes Religieux, l'an 1567.

La Place des Freres Précheurs d'Aix.

Micacouliers Arbre

A la page 210. je reuoque & condamne ce que j'ay dit en la ligne 30. par inaduertance, que le lieu de Meyrargues estoit venu des mains de Boufficaut, en celles de Raimond de Turene. C'est tout le contraire, d'autant que ce Raimond, qui mourut l'an 1399. en auoit esté Seigneur auant Boufficaut, à qui il fut donné vn an apres la mort de ce Raimond.

Pour le lieu de Meyrargues.

A la page 216. apres la ligne 14. *aioûtés*, l'on dit que sur le frontispice du Palais de cette Ville de Erignolle, on lit ces deux vers, qui meritent d'estre remarqués.

> *Stet Domus hæc, donec fluctus Formica marinos*
>
> *Ebibat, & totum Teftudo parambulet orbem.*

A la page 218. au discours du Village de Mirabeau, *aioûtés*; il y auoit jadis vn Pont au terroir de ce Village, sur la Riuiere de Durance, à l'endroit qui est nommé encore aujourd'huy *Chante-Perdris*; Pont qui estoit encore en estat l'an 1260. comme il appert de la Charte suiuante, que j'ay trouvé à propos d'inserer icy pour beaucoup de sujets, qui sont remarquables en la lecture de cette Charte; Comme 1° la pieté des anciens, de faire des Eglises pour la commodité des Voyageurs, à chaque extremité des Ponts; ainsi que sont icy les deux Eglises de Ste. Magdaleine & de S. Martin. 2° La Charité des mémes anciens, à fonder des Hôpitaux pour loger les Pelerins; comme celuy de Saint Paul, les destinant à la garde & administration des personnes Religieuses de quelque Ordre, ainsi qu'estoient ces Religieux de la maison de Chaluet, au Diocese de Gap, plus particulierement destinés à la direction des Hôpitaux. 3°. Le peu de fermeté aux choses politiques, & le changement de toutes choses, ainsi que nous voyons en la diffipation de cette Compagnie religieuse de Chaluet, & vnion auec celle de Chardaon, qui subfiste encore, quoy qu'elle ne possede pas aujourd'huy tous les biens, qui estoient de cette Compagnie de Chaluet, qui auoit aussi l'Hôpital de Mirabeau & beaucoup de ses biens. 4°. Finalement, que les Archeuéques d'Aix auoient anciennement vn logement fort commode pour y passer les Estés au lieu de Puech, dit le Puy Ste. Reparade. C'est ainsi que dit cette Charte.

Pont sur la Durance à Chante-Perdris.

In Nomine Domini, anno eiufdem M. CC. LX quarto nonas April. Ind. VI. Notum fit cunctis præfentibus & futuris, quod cum Petrus Viramaffa, quondam Magifter feu Rector domus de CALVETO *Vapinc. Diœcefis de Concilio fui Capituli, & confenfu etiam omnium Fratrum domus prædicta, fe & domum prædictam, cum omnibus Ecclefiis, domibus, & Hoffitalibus fibi fubiectis, vel ad fe iure aliquo fpectantibus, & cum omnib. iuribus, & rationibus fibi pertinentibus, fuppofuiffet & fupponi feciffet, Ecclefiæ* CARDAONENSI *Ord. fancti Auguft. in dicta Diœcefi fita* (c'est aujourd'huy la Preuôté de Chardaon, transferéé à la Baume, Bourgade de Sisteron) *conftituendo fe dictus Magifter, nomine fuo & fuccefforum fuorum, & domum prædictam, & domus, & Hoffitalia . . . . fore vlterius fub ordinatione, & regimine Ecclefiæ Car-*

daonenſi prædicta, & rector eiuſd. ut conſtabat per quoddam publicum inſtrumentum, bullatum cum bulla Venerabilis Patris O. Epiſcopi Vapincenſis. NOS VICE-DOMINVS, *Sola Dei permiſſione Aquen. Archiepiſcopus, ad ſupplicationem & requiſitionem Remundi de Cadro, Præpoſiti Eccleſiæ Cardaonenſis prædicta, prædictam ſubiectionem ſeu ſuppoſitionem approbamus, recipimus & etiam confirmamus, & ſpecialiter eidem Præpoſito, Nomine ſuo & ſucceſſorum ſuorum, confirmamus domum ſeu Eccleſiam B. Mariæ* MAGDALENÆ, *de Ponte* CANTVS PERNICIS (Cette Egliſe eſt encore en eſtat, ſous le même titre de Ste. Magdaleine, du côté de Mirabeau, ſur le rocher qui vient aboutir à la riuiere de Durance, à l'endroit où paſſe la Barque) *Et Eccleſiam* S. MARTINI CANTVS PERNICIS (on void encore les maſures de cette Egliſe, qui retientencore le nom de S. Martin, deçà la même riuiere de Durance, tout à l'oppoſite de celle de Ste. Magdaleine,) *& Hoſpitale* S. PAVLI (l'Hôpital de S. Paul de Durance, Village diſtant vne lieüe de ce Pont, & de ces deux Egliſes) *quæ in Diæceſi noſtra ſita eſſe noſcuntur, prout in forma inſtrumenti prædicti continetur, pro quibus dictus Præpoſitus, Nomine ſuo, & ſucceſſorum ſuorum promiſit nobis eſſe obediens, & dictas Eccleſias, ſeu Hoſpitale defendere pro viribus, & ſeruare, & earum vtilitatem in quibuſcumque poterit præcauere, & damnum & incommodum euitare. Acta apud* PODIVM S. *Reparata in* CAMBRA *Domini Archiepiſcopi ſupradicti, in præſentia & teſtimonio teſtium ſubſcriptorum, ſcilicet B. Præpoſiti Aquen. Roberti Iuris Profeſſoris, Guill. Graueri̇ Iuriſper. Petri Prioris de Ventauono, Mag. Bertrandi Iuriſper. Mag. Pontȳ Archipraſb. Prioris de Villamuris, Pontȳ de Mirabello; & ad maiorem roboris firmitatem præſentem Cartam juſſimus ſigilli noſtri munimine roborandam (ex Archiuiis Præp. Card.)*

   A la page 229. *ligne* 421. où il eſt parlé de la Chapelle de Nôtre-Dame de Mouſtiers, il y a erreur arriuée à l'Imprimerie ſur ces mots, *de deux cens ſtades, qui ſont* 250. *pas*; il faut lire deux ſtades ſeulement : car vn ſtade eſt de 125. pas, & deux ſtades ſont 250. pas.

Vn Euêque de Siſteron.

   A la page 236. parmi les Euêques de Siſteron, il faut ajoûter vn *Pontius* 1295. *in Archiu. ſancti Maximini.*

Deux Euêques de Gap.

   A la page 24?. aux Euêques de Gap, *aioûtés* 1361. Iacobus I. Digna, & à la fin du Catalogue de ces Euêques 1664. *Petrus Marion.*

De la Prevôté de Nôtre Dame de Chardaon.

   A la page 243. l'auois inſinué, & dit quelques choſes aux pages 236. & 243. de la Preuôté des Chanoines Reguliers de l'Ordre de S. Auguſtin, dite de N. Dame de Chardaon, Dioceſe de Gap, transferée du Village qui porte ce nom de Chardaon, au lieu de la Baume lés Siſteron; & m'eſtois excuſé, ſi ie n'en diſois pas dauantage, ſur ce que quelques inſtances que j'euſſe pû faire à diuerſes perſonnes, de m'en pouvoir faire auoir des memoires, il m'auoit eſté impoſible d'en ſçauoir dauantage : du depuis ayant pleu à la Diuine bonté de me donner la direction de cette même Egliſe, j'ay eu moyen de ſatisfaire ma curioſité, en la lecture de ſes documents anciens, qui pourtant ſont en fort petit nombre, les vns éuanoüis par negligence, & les autres emportés par malice; le plus ancien titre que je trouve de cette Preuôté, eſt vn priuilege & vne ſauve-garde de Pierre Roy d'Aragon, Comte de Barcellonne, & Marquis de Prouence, dont nous parlerons tantôt : lequel titre pourtant n'eſt point dans les Archiues de cette Preuôté; mais bien dans celles du Roy à Aix, au Regiſtre *Turturis fol.* 205. *verſo.*

   Il m'a eſté impoſſible de ſçauoir, ny par documens, ny par tradition, le ſujet ny le temps de la fondation de cette Preuôté, dite anciennement *Ordinis Cardaonenſis,* fondée en l'honneur de la tres-ſainte Vierge, de S. Iean Baptiſte, & de S. Marcellin Euêque d'Embrun. Ie croy neantmoins que ce fut enuiron l'an 1060. ou vn peu apres; comme furent auſſi fondées les Preuôtés de Houls en Dauphiné, & de Barjols en Prouence, les Chartreux & l'Ordre de Ciſteaux : auquel temps, apres la diſſipation de deux grands vices, qui regnoient en Prouence, & aux lieux limitrophes parmi les Eccleſiaſtiques; ſçauoir, l'impureté & la ſimonie, l'Egliſe par la deliberation du Concile d'Auignon, tenu ſous Hugues Abbé de Cluny en cette même année là, s'eſtudia fort à la reforme des mœurs, & à l'introduction de la pieté, non ſeulement en cette Prouince, mais encore par toute la France, à l'imitation du grand IVO Euêque de Chartres, qui reformant ſon Chapitre, & obligeant ſes Chanoines à profeſſer la regle de S. Auguſtin, donna occaſion à la pluſpart des Euêques de France d'en faire le même; comme firent en cette Prouince les Archeuêques d'Aix & d'Arles, & les Euêques d'Auignon, de Digne, de Senez, de Nice, & d'Orange. Ie crois vray ſemblablement qu'au même temps que S.

Hugues

Hugues Euéque de Grenoble inſtitua les Chartreux dans la grande Chartreuſe, au méme temps auſſi S. Arnoul Euéque de Gap, enuoyé de Rome enuiron l'an 1057. par le Pape Victor II. pour reparer les deſordres que l'Euéque Aripert auoit cauſés à cet Euéché, inſtitua cette Preuôté en ſon Dioceſe, au lieu de Chardaon, lieu tout ceint & enuironné de rochers, & fort ſeparé du commerce des hommes, comme vne autre Chartreuſe; voulant que ceux qui y habiteroient, fuſſent comme des Chartreux & des Hermites; auſſi la fonda-t-il en l'honneur de S. Iean Baptiſte, Patron de tous les Solitaires & Hermites; & aſſigna pour l'entretien des Chanoines, qui y feroient le ſeruice Diuin, grande quan-tité d'Egliſes, & de Parroiſſes, ſoit en Dauphiné, ſoit en Prouence: auſſi void-on que les Benefices dependants de la méme Preuôté, ſont tous dans le méme Dioceſe de Gap, affectés, ou par le méme Euéque S. Arnoul, ou par ſes ſucceſſeurs, à cette Preuôté, qui ne poſſede preſque point d'autres biens, que ceux qui ſont dans le méme Dioceſe de Gap.

Or que ce lieu de Chardaon, diſtant enuiron deux lieües de Siſteron, qui n'eſt pas vn Hameau de Dromon, comme j'auois dit en l'Hiſtoire, mais vn fief ſeparé, appartenant entierement au Preuôt (& c'eſt pour cette raiſon que ſon terroir n'eſt point affoüagé, ny ce lieu nommé dans l'Affoüagement general de cette Prouince) logé dans vne petite plai-ne, ſur vne tres-haute & tres-grande Montagne, toute entourée de Rochers eſcarpés; n'ayant que deux ouvertures, l'vne du côté du Midy, ou du Leuant, pour y entrer; l'au-tre du côté du Septentrion, ou du Couchant, pour en ſortir, eſtant veritablement la dreſ-ſiere du paſſage, pour ne contourner la grande Montagne, allant de Siſteron à diuers Villages, comme Authon, Faiſſal & Barles, qui ſont derriere la Montagne, fût en ce temps-là eſtimé comme vne Chartreuſe, & les Religieux qui y habitoient, comme des Chartreux & des Hermites, qui fuyoient le commerce des hommes, & ne vouloient pas eſtre frequentés, il appert de la grace, que Pierre Roy d'Aragon, Comte de Barcelonne & Marquis de Prouence, fit à cette Egliſe l'an 1204. de luy accorder la demande, qu'vn Iſnard Donanze ſon Preuôt luy faiſoit; ſçavoir, qu'il fuſt deffendu, non ſeulement aux femmes, d'aborder leur maiſon, ny d'entrer dans leur terroir; mais encore aux Gens de guerre d'y faire entrée : & bien plus, à toute ſorte de perſonnes d'y paſſer, ſoit par les grandes ouvertures du chemin, qui eſt au milieu de la plaine, ſoit par les fentes des Ro-chers, par où l'on peut entrer dans la plaine, & paſſer par ce terroir, pour ne pas trou-bler le repos des Religieux. C'eſt ainſi que dit la Charte de ce priuilege, conſerué dans les Archiues du Roy à Aix, & au Regiſtre ſus allegué de *Turturis*.

Grace accordée à cette Prevôté par le Roy d'Aragon Comte de Provence.

Ad honorem Domini noſtri Ieſu Chriſti, & B. Mariæ, & ad honorem Eccleſiæ S. IOAN-NIS BAPTISTÆ, & S. Marcellini. Cunctis innoteſcat hominib. tam præſentibus, quàm futuris. Quod nos PETRVS Dei gratia Rex Aragonenſis, Comes Barcilonenſis Illuſtris, eadem gratia Comes & Marchio PROVINCIÆ, donamus, concedimus, laudamus in perpe-tuum per nos, & noſtros ſucceſſores, res Eccleſiæ B. Mariæ de Chardaon, VIAM, quæ tranſit infra caminos territorij de Chardaon: ita ſcilicet; quòd nulli pateat de cætero tranſitus per VIAM illam (c'eſt le chemin public du jourd'huy, pour aller à S. Ginieis, & autres Vil-lages) neque per POSTERLAS, (c'eſt vn mot Prouençal, qui ſignifie proprement vn chemin étroit, caché & derobbé; & ſignifie icy vn chemin qu'on peut trouver entre les fentes des Rochers, pour entrer dans la plaine : Et de fait il y a vn petit chemin, fort mal aiſé entre des Rochers, pour venir de Naus à Chardaon, qui ſe dit encore aujourd'huy la POSTERLE) neque per aliqua DIVERSORIA (proprement ce mot ſignifie icy vne dreſſiere, & chemin plus court) Concedimus etiam vobis quod introitum, infra dicti ter-ritorij terminos quibuſlibet MVLIERIBVS negare poſſitis. Præterea nullus armata manu terminos hos intrare præſumat. Item ſub protectione noſtra, & ſecuritate, & cuſtodia reci-mus dictam Eccleſiam, & res ipſius mobiles, ſiue immobiles. Quicumque verò hanc donationem, & conceſſionem noſtram tranſgredi præſumpſerit, iram & indignationem noſtram ſciat ſe peni-tus incurſurum. Actum hoc anno Incarn. Dom. mill. ſ. ducent. quarto, Ind. VI. menſe Apr. da-tum per manus Mag. Guill. Cancellarij Prouinciæ Comitis, qui mandato Domini Petri, Regis Arag. & Illuſtris Comitis & Marchionis Prouinciæ hanc præſentem paginam ſcripſit, & ſigillo ſuo ſci-licet Illuſtris Comitis ſigillauit. Hanc quoque donationem fecimus Iſnardo Donanzo, tunc tem-poris Præpoſito Cardaonenſis Eccleſiæ † ſignum Illuſtris Comitis Prouinciæ † ſignum Magiſtri Guill.

Translation de cette Prevôté à la Baume lez Sisteron.

Quant au temps, & au ſujet de la tranſlation de cette Preuôté au lieu de la Baume lés Siſteron, où elle eſt maintenant, il ny a pas vn document dans les Archiues de cette

¶ ¶

Preuôté, qui en donne aucune connoiſſance ; mais par les Lettres patentes de la Reyne Marie, mere de Louïs II. données à Siſteron le 14. Aouſt l'an 1385. inſerées dans le ſus-allegué Regiſtre *Turturis*, aux Archiues du Roy à Aix, il appert qu'vn Guillaume Affache Preuôt de cette Egliſe, vint trouver cette Reyne, qui eſtoit à la Ville de Siſteron, & luy repreſente que ſon Monaſtere dans Chardaon eſtoit entierement demoli, & abandonné, à l'occaſion des guerres de ce temps là (qui eſtoient, ſans doute, celles de Charles de Duras) &| des contagions ſuruenuës, que les meubles & les beſtiaux auoient eſté emportés : *Monaſterium dirutum, deſtructum, & totaliter deuaſtatum, tam in Domibus, animalibus, aueribus, quàm aliis bonis ſuis*, en façon, dit-il, qu'on n'y peut pas faire le ſeruice Diuin, ny par impuiſſance, rétablir la maiſon clauſtrale au point, où elle eſtoit auparauant; en conſideration dequoy, il pleût à ſa Majeſté, de permettre la transferance de ce Monaſtere à la Baume, Bourgade de Siſteron, où déja ils auoient vne Maiſon, tout proche du Pont de Durance, qui leur ſeruoit d'Hoſpice, ou de retraite, pour s'y retirer, quand les Economes venoient à la Ville, pour les affaires du Monaſtere. A quoy la Reyne condeſcendant, apres leur auoir donné vne confirmation de tous les priuileges, que ſon Monaſtere auoit autrefois eus de Raimond Berenger Comte de Prouence, de Charles I. & II. de Robert, & de Louïs Roys de Sicile & Comtes de Prouence; côme encore de la Reyne Ieanne (deſquels priuileges il ne ſe trouve aucune memoire dans les Archiues de cette Preuôté) elle luy donne permiſſion de faire aſſembler tous ſes Religieux, & les loger à la maiſon de la Baume, qu'ils auoient auparauant; laquelle ils donnerent puis apres à l'Euêque de Gap, qui eſt le Prieur de l'Egliſe de la Baume, en échange de l'Egliſe Parroiſſiale de S. Marcel (qui eſtoit anciennement de l'Ordre des Pſalmodiens, comme j'ay marqué en l'Hiſtoire) au même lieu de la Baume, où ils ſont maintenant.

Pour le nombre des Religieux, qui eſtoient anciennement en ce Monaſtere, & de ceux qui y ſont aujourd'huy; le nombre certes eſt bien inégal. En vne élection du Preuôt, faite l'an 1319. dans l'ancien Monaſtere de Chardaon, outre les vingt-ſix Prieurs des Villages y denommés, il y auoit encore dix-ſept Chanoines, reſidents dans le Monaſtere. Mais aujourd'huy, outre le Preuôt, qui eſt Commendataire depuis plus de deux cens ans, il n'y a que cinq Chanoines, & vn Nouice, & vn Curé ſeculier, pour les fonctions curiales. Et à l'imitation de ce que les Sieurs de Ste. Marthe ont fait, pour le Catalogue des Abbés, & des Preuôts de toutes les Abbayes, & Preuôtés de France, voicy le nom de tous les Preuôts de cette Preuôté, qu'on a pû ſçauoir.

Catalogue des Prevôts de Chardaon.

1204. Iſnardus I. Donanzus.	1480. Gaucherius de Forcalquerio, Epiſcopus Vapincen. Commendat.
1230. Olivarius.	1500. Ludovicus I. Forbinus Commend.
1238. Raimundus I. de Imberti.	1504. Raimundus V. Ricardy Aquenſis Commendatarius.
1245. Bertrandus I. de Balma.	1514. Bernardinus Gamberia Caſalenſis Commendatarius.
1260. Raimundus II. de Cadro.	1528. Franciſcus Accurſius de Caſanigo Mediol. Comm.
1290. Petrus I. Miramaſſus.	1555. Iacobus II. Antonius Birague Comm.
1306. Raimundus III. de Motta.	1560. Ludovicus II. Birague Hyporregenſis de la Ville d'Yvrée en Piedmond Com.
1319. Raimundus IV. de Vaumelio.	1581. Camillus de Birague Comm.
1337. Feraudus de Barraſſio.	1609. Philippus de Birague Comm.
1346. Guigo.	1635. Claudius Amat Delphinas Comm.
1359. Hugo de Merindolio.	1665. Honoratus Bouche Aquenſ. Comm.
1380. Raynaudus de Vaumelio.	1669. Melchior Bouche Aquenſ. Comm.
1385. Guillel. Affache.	
1415. Bertrandus II. de Motta.	
1422. Iſnard. II. Preneiralis.	
1441. Iacobus I. Artaudi.	
1447. Petrus II. de Villeta Commendat.	

A la page 244. où eſt la ſuiuante inſcription , que j'ay trouvé à propos de repeter icy
pour en auoir vne plus claire connoiſſance.

CL. POSTHVMVS DARDANVS V. INL. ET PA-
TRICIÆ DIGNITATIS EXCONSVLARI PRO-
VINCIÆ VIENNENSIS EX MAGISTRO SCRI-
NII LIB. EXQVÆST. EXPRÆF. PRÆT.
GAL. ET NEVIA CLARA ET INL. FEM. MATERFAM.
EIVS, LOCO CVI NOMEN THEOPOLI EST
VIARVM VSVM CÆSIS VTRIMQVE MON-
TIVM LATERIBVS PRÆSTITERVNT MVROS
ET PORTAS DEDERVNT QVOD IN AGRO
PROPRIO CONSTITVTVM TVETIONI OM-
NIVM VOLVERVNT ESSE COMMVNE ADNI-
TENTE ETIAM V. INL. COM. AC FRATRE ME-
MORATI VIRI CL. LEPIDO EXCONSVLARI
GERMANIÆ PRIMÆ EXMAG MEMOR.
EXCOM. RERVM PRIVAT. VT ERGA OMNIV-
VM SALVTEM EORV-
M. STVDIVM ET DEVO-
TIONIS PVBL. O ..... STENED.
T. VEN SARO.
S. S. ſuis ſumptibus.

Inscription ancienne
au terroir de Char-
daon.

Comme cette inſcription , connuë à beaucoup d'Eſcriuains , & qui eſt grauée ſur vn
gros Rocher , ſur vne tres-haute Montagne , à l'entrée du terroir de Chardaon , dont
nous venons de parler , eſt vne des choſes plus curieuſes , qui ſoient en cette Prouince;
auſſi m'eſtois-je eſtudié à diuers temps , d'en auoir la vraye explication , & de ſçauoir le
vray ſujet pourquoy elle auoit eſté faite , mais juſques à ce que j'aye eu moyen de bien
conſiderer à loiſir le terroir , où elle eſt viſible (terroir qui eſt venu depuis peu de temps,
par vne grace extraordinaire de la Diuine bonté, à ma diſpoſition) je crois de n'auoir pas
pû penetrer , ſi non le vray ſens , au moins le vray ſujet , ſelon ma croyance, pourquoy
elle auoit eſté faite; & que ce que je diray icy , reuoquant ce que j'ay dit du lieu de Thoard
aux pages 244. & 271. eſt ce me ſemble plus approchant de la verité.

Explication de cette
inſcription.

Le ſens de cette inſcription eſt , qu'vn *Claudius Poſthumus Dardanus*, qui viuoit au temps
de l'Empereur Honorius, enuiron l'an 400. & qui auoit exercé les plus belles charges de
l'Empire , juſques à celle de Prefet du Pretoire des Gaules, reſidant à Arles , qui eſtoit la
premiere charge , apres celle de l'Empereur : auec vne *Neuia* , illuſtre Dame, laquelle
vray ſemblablement deuoit eſtre ſa femme : auec le conſentement du Comte *Lepidus*, frere de ce Dardanus , qui auoit auſſi exercé de tres-belles charges en Allemagne , firent
couper, pour la commodité des voyageurs , les Rochers qui auançoient de part & d'autre , & occupoient le paſſage , pour aller au lieu de *Theopolis* : auquel lieu ils firent encore
des murailles , & des portes : ce qu'ils voulurent faire marquer en leur propre terroir ,
pour eſtre veu & remarqué de tout le monde : comme vn témoignage de leur amour &
affection enuers le public. Voila le ſens, en abbregé , de cette longue inſcription.

Toute la difficulté eſt de ſçauoir, quel eſt ce lieu dit *Theopolis*, auquel ce Dardanus
auoit fait des portes & des murailles , & qui ne deuoit pas eſtre beaucoup éloigré du
Rocher, où eſt grauée cette inſcription ; & puis qu'il ne pouvoit pas eſtre ny la Ville de
Siſteron, ny celle de Digne, qui de tout temps ont eſté ainſi nommées, *Siſtaricum* & *Di-
nia*, je m'eſtois perſuadé qu'il pouvoit eſtre *Thoard*, pour les raiſons que j'ay auancées aux
lieux ſus-alleguès. Mais je conclus à preſent, que ce ne peut eſtre que Chardaon, dont nous
auons parlé vn peu auparauant, diſtant de cette Roche écrite, enuiron vn quart de lieüe.

Quel eſt l'ancien
lieu de Theopolis.

Ce nom de THEOPOLIS eſt le nom le plus illuſtre qu'on pourroit inuenter , puis
qu'il vaut autant à dire, en Grec , que Ville de Dieu, au Ville Diuine. C'eſt de ce nom
dont autrefois l'Empereur Iuſtinien, ſurnomma la Ville d'Antioche , faiſant reparer
les ruines , qu'vn grand trembleterre y auoit cauſées, aü rapport d'Euagrius *Lib*. 4. *Hiſt.
Eccleſ. Cap*. 6. c'eſt de ce même nom , dont elle eſt ſurnommée dans les nouvelles conſti-

eutions de cet Empereur : & ſes Archeuéques aux derniers Conciles 6. 7. & 8. tenus en
Orient, tantôt prennent le nom de Patriarche, tantôt d'Archeuéque, mais toûjours de
Theopoleos. Il eſt vray que'le nom de *Polis*, qui ſignifie Cité, ne peut eſtre appliqué qu'à
des Villes qui ſoient bien grandes; comme il appert des Noms des Villes de *Conſtantino-*
polis, *Nicopolis*, *Neapolis*, *Auguſtopolis*, *Antipolis*, & du nom de *Metropolis*, qui n'eſt attribué qu'aux Archeuéchés. Mais puiſque tout ce qui regarde la Diuinité n'eſt pas petit,
au contraire, eſt bien grand, ſi autrefois pendant la gentilité & le paganiſme, il y auoit
en cette contrée, comme il y a de l'apparence, quelque lieu, où il y eût quelque choſe
de remarquable, qui regardât le culte de la Diuinité, comme des Temples, où il y eût
des Idoles, & où l'on fiſt des ſacrifices, pour la réponſe des Oracles, & autres ſuperſti-
tions payennes, on pourroit meritoirement le ſurnommer Ville de Dieu, demeure de
Dieu : ou bien lieu où la Diuinité reſide plus particulierement, y faiſant des merueilles,
ſoit qu'il fuſt ou grand, ou petit lieu. Et ainſi voyons-nous, même dans le Chriſtianiſme,
que ce nom de *Polis*, a eſté attribué à de fort petits lieux, à raiſon des merueilles Chreſtiennes, qui y ont eſté operées; comme le lieu, où cet illuſtre Martyr S. Sergius ſouf-
frit le martyre, ſous Maximian, honnoré puis apres de quantité de miracles, qui s'y firent, & du concours du peuple pour le viſiter, fut ſurnommé *Sergiopolis*, comme dit le
Martyrologe Romain, ſur le 7. Octob. parlant de ce Saint : *Locus vbi quieſcit, Sergiopolis*
appellatus, ob præclara miracula, frequenti Chriſtianorum concurſu honoratur. Ioint à cela que
ce nom de *Polis* auoit eſté appliqué à cette Prouince, à des lieux ſi petits, qu'on en a per-
du la memoire, & la connoiſſance, non tant pour celuy de *Theopolis*, comme pour celuy
d'Athenopolis, dont on ne ſçait au vray ce que c'eſtoit, quoyque quelques vns diſent que
c'eſtoit le Village de la Napole, au bord de la Mer vers Frejus, comme nous auons dit
en la page 167. de la Chorographie.

Et certes c'eſtoit anciennement l'vſage, de faire les Temples des faux Dieux, en des
lieux eminents, dans des Foreſts, ſur des Montagnes, & voire dans l'Eſcriture ſainte, les
Temples des Idoles ne ſont pas autrement nommés, que du nom *Excelſa*, des lieux tres-
hauts; comme quand il eſt parlé d'Ezechias 4. *Reg.* 18. 4. *Fecit que quod erat bonum coram*
Domino, juxta omnia quæ fecerat Dauid pater eius : ipſe diſſipauit E x c e l s a, *& contriuit*
Statuas, ſuccidit Lucos, confregit que ſerpentem æneum. Et de Ioſias il eſt dit 4. *Reg.* 23. 13.
abſtulit E x c e l s a, c'eſt à dire qu'il auoit abbatu les Autels & les Temples des Idoles,
logés en des lieux tres-hauts.

Or eſt-il que ce lieu de Chardaon eſt extremement conſiderable, & a toutes les marques d'vne grande rareté, où, pour l'ordinaire le demon ſe faiſoit adorer. Il eſt logé dans
vne plaine & vallée en rond, de plus de deux lieües de circonference, toute entourée de
Roches eſcarpées, ſur vne tres-haute Montagne, & des plus hautes de toute la contrée.
Dans laquelle plaine on ne peut entrer, ny ſortir, que par deux ouvertures, ou fentes des
Roches : l'vne où eſt la ſuſdite inſcription, & l'autre à l'oppoſite, demeurant tout le reſte
de la plaine enfermé dans l'enceinte de ces Roches. Il y a plus que d'apparance de verité
qu'en cette plaine, ſur cette tres-haute Montagne, eſtoit *Theopolis* la Payenne, & principalement à la même place, où eſtoit anciennement l'Egliſe & le Monaſtere de la Preuôté de Nôtre-Dame de Chardaon, dont nous auons parlé vn peu auparauant : Et que S.
Arnoul Euéque de Gap, voulant fonder cette Preuôté enuiron l'an 1060. pour abolir la
memoire des faux Dieux, & pour faire rendre hommage à la Croix de Ieſus-Chriſt; par
ſes propres ennemis, ne trouva point de lieu plus propre en ſon Dioceſe, que celuy de
Theopolis, à l'imitation de beaucoup d'autres Temples de la gentilité, conuertis en des
Egliſes Chreſtiennes en cette Prouince même, comme nous auons remarqué en diuers
endroits de nôtre Chorographie, *vt vnde mors oriebatur, inde vita reſurgeret.*

Que ſi l'application de *Theopolis* à Chardaon ne ſatisfait pas, voyés ce que j'ay dit en
la Chorographie du lieu de S. Genicis Hameau de Dromon, dans la même plaine, diſtant enuiron d'vne demy lieüe de Chardaon, ou en l'Hiſtoire pag. 570. de l'Hermitage
de Nôtre Dame de Dromon (& non pas Trenon, comme l'Imprimeur a mis en la même
page) qui eſt vers le même quartier, & dans la même plaine, auſquels lieux il y a de grandes marques d'Antiquité, & de Religion payenne : Et par auanture qu'on y adoroit le
Dieu *Genius*, d'où peut eſtre venu le nom de S. Genicis, appliqué à cet Hameau de Dromon, appellé de même nom de Gineis; quoy que j'aye dit en l'Hiſtoire que ce nom luy
peut auoir eſté donné, en conſideration de quelques Reliques de S. Geneis, martyriſé en

la Ville d'Arles, que ce *Dardanus* pouvoit auoir apportées de cette méme Ville, où il auoit esté Prefet du Pretoire : & les auoir logées en l'Eglise de ce lieu, lors qu'il s'y retira auec toute sa famille, puis qu'il est marqué dans cette longue inscription, que cette contrée de *Theopolis* luy appartenoit, & que c'estoit son propre heritage, *in agro proprio*.

Reuenant à l'explication des termes de cette Roche écrite, il est tres-veritable que le chemin qui monte fort droit, & fort haut, tout le long d'vn valon, par où passe de l'eau, est extremement mauvais, occupé de quelques grands Rochers, qu'on void auancez sur le méme chemin ; dont les vns ont esté coupez & taillez, en façon qu'on passe à quelques vns par dessous, la Roche coupée estant dessus la teste. Et c'est ce que veulent dire ces paroles, *Cæsis vtrimque montium lateribus*, qu'ils firent couper les Rochers, qui estoient de part & d'autre du chemin, pour la commodité de ceux qui alloient visiter ce S. lieu.

Quant aux portes & aux murailles, faites en ce lieu de Theopolis, *Muros & portas dederunt*, ces paroles peuvent auoir deux expositions : la premiere, que comme ce lieu destiné au culte des Dieux estoit consideré, comme vne chose Sainte, pour empecher que les bestiaux ne le profanassent, en y entrant, ou les Bergers n'y menassent leurs Brebis, pour les y faire depaître, ils firent faire des portes, aux deux entrées de la plaine, pour en empecher l'entrée ; & pour ces murailles, nous deuons entendre celles là, dont on void encore quelques vestiges, entre les fentes de quelques Rochers, qui entourent toute cette plaine, pour empecher aussi que les Bestiaux ne passassent par ces fentes & entrassent dans la plaine ; en façon que rien ne pouvoit entrer dans cette plaine de *Theopolis*, sans permission de ceux qui en pouvoient auoir la garde. A l'imitation dequoy les Religieux, qui furent puis apres établis au Monastere de Chardaon, demanderent quasi la méme defense, pour toute sorte de personne, d'entrer dans leur terroir de Chardaon, à Pierre Roy d'Aragon & Marquis de Prouence, comme nous auons veu cy-dessus.

La seconde exposition qu'on peut donner à ces paroles, est que pour la conseruation de la personne, & des biens, de ceux qui estoient enfermés dans cette plaine, ceinte de tres-hauts Rochers, ils auoient fait faire des portes aux deux ouvertures pour y entrer, & des murailles pour enfermer entierement les ouvertures, qui estoient entre les fentes des Rochers ; ce qui peut estre en quelque façon confirmé par ce mot, qui est en cette inscription, Tvetioni omnivm, pour *tuitioni omnium*, pour la defense de tous. Neantmoins ce grand personnage Laurentius Pignorius, vn des grands amis familiers de feu Mr. de Peiresc (à qui il écriuit la 29. Lettre, en nombre de celles qu'il fit imprimer à Padoüe l'an 1628.) expliquant les paroles de cette méme inscription, qu'il auoit veüe dans Gruther, *quod in agro proprio constitutum tuetioni omnium voluerunt esse commune*, dit en l'Epitre 40. que ce mot *tuetio*, en cette inscription, signifie la méme chose que *intuitio*, *inspectio*, regard, & non pas tutele & garde ; c'est à dire que tout cecy n'estoit fait & écrit, que pour estre veü & regardé ; & apporte vn autre exemple d'vn fragment d'vn monument de pierre, où il y a Et Intvitioni c'est à dire que ce monument n'estoit fait que pour estre regardé & admiré. Autant en dit vn autre grand personnage Sartorius Vrsalius en son Histoire de Padoüe ; rapportant les propres paroles de cette inscription, *quòd in agro proprio & Tuentioni omnium, &c.* dit, *ibi enim Tuentio, est inspectio*.

A la page 245. &254. où il est parlé de cet ancien Monastere de S. Pierre au lieu de Sousribes, Diocese de Gap. Voyés ce qui sera dit cy-dessous, en ces Additions, sur la page 341. du Tome II. Du Monastere de Sousribes.

A la page 246. en la ligne 17. il faut ajoûter au mot d'*Antraix*, que c'est vn Prieuré rural, dans le terroir de la Motte, auec laquelle il est maintenant vny & incorporé, quoy qu'anciennement fussent deux lieux distants & separés. Et en la méme page 246. parmi les Villages du Diocese de Gap, j'ay oublié celuy de Mison, *six feux*, au nouvel Affoüagement, dans le Bailliage de Sisteron. Lieux d'Antraix & de Mison.

A la page 255. & 259. où il est parlé des lieux de *Speluca* & de *Monteforti*, il y a dequoy s'estonner, pourquoy celuy qui dressa jadis ce denombrement des Villages de Prouence, fit vne si grande separation entre ces deux Villages, y ayant 45. ou 46. Villages entredeux ; & neantmoins ils sont si proches & si contigus, qu'ils sont maintenant confondus ensemble, faisant vn seul Cadastre, pour le terroir de tous les deux ; & toutefois ce sont deux fiefs separés : celuy de Speluque appartient au Prieuré de l'Eglise Parrochiale, qui est maintenant vny, depuis enuiron 30. ans, à la Chapelle de Nôtre-Dame de Grace, où sont les Peres de l'Oratoire ; & celuy de Montfort, à la Religion de Malthe. Neantmoins il n'y a qu'vn seul Prieur, qui tire le disme de tous les deux. Lieux de Speluque & de Montfort.

Castrum de Sancta Cruce.

Castrum de Cognosco.

Castrum Sancti Stephani.

Castrum Sancti Clementis

Pour le lieu de la Motte.

Explication des mots *Magus, Dunum, Beris, Burgus* & *Briga*.

Explication du mot *Mamillaria*.

De l'Isle Gernica.

De la Chartreuse de Montrieu, sa fondatiõ

Antoine Evéque de Tolon 1545.

A la page 258. & suiuantes. Ce *Castrum de sancta Cruce* est vn quartier du terroir de l'Abbaye du Toronet, où il y a vne Chapelle, ainsi nommée sainte Croix, comme aussi tout le terroir.

Ce *Castrum de Cagnosco*, en la méme page 258. est vn lieu deshabité, entre les lieux de Gonfaron & du Luc; & quoy que j'aye dit qu'il appartient aux Cheualliers de Malthe, & à la Commanderie de Marseille, toutefois le domaine temporel est au Preuôt de Pignans, & le Prieuré à son Chapitre.

Ce *Castrum sancti Stephani* en la page 259. est au terroir de Vins, & il y a de l'apparence que c'est Vins mémes, dependant de Pignans.

Ce *Castrum sancti Clementis*, en la page 260. est au terroir de la Garde Freinet, où il y a vne belle Chapelle, sous le titre de S. Clement, qui est encore le Patron de l'Eglise Parrochiale, & la Feste du Village. *Hæc omnia ex relatione Domini Petri Entrechaud Doct. Theol. & Can. Pignac.*

A la page 259. *ligne* 8. où il est dit, que l'Eglise Collegiale de Pignans estoit Reguliere, de l'Ordre de S. Augustin; cela estoit vray au temps, auquel cet ouvrage fut imprimé. Mais depuis, & l'an 1669. cette Eglise a esté secularisée, à la grande instance de tout le Chapitre, & grande solicitation en Cour de Rome, par le Sieur de Petra ancien Camerier de la méme Eglise.

A la méme page, nous retractons ce qui est dit en la ligne 37. de cette page 259. touchant les arrierefiefs de Grimaut, & principalement pour ce qui regarde le lieu de la *Motte*. Nous n'auions point connoissance de ces Arrests, qui le declarent ne releuer que du Roy. Vn Geographe d'vne Chorographie generale est excusable, s'il erre en quelque fait d'vne Topographie particuliere.

A la page 262. ajoûtez, comme *Magus & Dunum* sont les noms des Villes, imposez par les anciens Gaulois; ainsi *Beris* signifie Ville au langage Bearnois; comme aux noms de *Elusaberis*, qui est la Ville d'Euse, ancien Archeuéché, *Illiberis* en l'Espagne Betique, aujourd'huy Colieure; & *Burgus* parmi les Alemans, & *Briga* parmi les Cantabres, au témoignage du Sr. de Marca President au Parlement de Nauarre en l'Histoire de Bearn.

A la page 269. où il est parlé de Toussaints de Forbin Euéque de Digne, aioûtés, qu'il a puis esté fait Euéque de Marseille, vers l'an 1668. & à sa place a succedé le Sieur du Luc Preuôt de l'Eglise de Riez, pour l'Euéché de Digne.

A la page 291. à cet Euéque de Grasse de l'an 1287. nommé *Lantelmus*, ajoûtez le nom de sa famille, qui estoit de *Sancto Marcello* Seigneur d'Ananson en Dauphiné, qui fonda vne Chapellanie dans l'Eglise de Gap.

A la page 307. sur le mot de *Mamillaria*, qui est la Ville d'Arles, le sus-allegué President Sr. de Marca donne vne explication toute singuliere, il dit que ce sont deux mots *Ma*, & *Milliaria*, qu'apres *Ma*, qui est à la fin de la ligne, il y a vn point, qui veut dire *mater milliarium*, & que comme du *milliarium aureum* de Rome (dont nous auons parlé à la page 127. & Baronius en fait vn beau discours sur le Martyrologe au XI. d'Aoust) on commençoit à compter les milles, ainsi de la Ville d'Arles, comme la mere des milles en Gaule, l'on commençoit à compter les milles jusques à la Ville, où l'on vouloit aller. Mais cela tient plus de la curiosité, que de l'apparance de verité.

A la page 326. de ces deux Isles *Geruica* & *Lusana*, dont il est parlé aux pages 326. & 327. voyez cy-dessous en ces Additions, sur la page 158. du Tome II. où nous dirons que ce ne sont point aujourd'huy des Isles, mais des terres fermes, du côté de Tarascon, dites Iarnegue & la Motte Lussan.

A la page 335. où il est parlé de la Chartreuse de *Montrieu*, ajoûtez, qu'vn grand Seigneur Italien, estant fort malade, s'estoit voûé à Ste. Magdaleine, & à visiter le lieu de sa penitence; & ayant receu la guerison, par l'intercession de cette grande Sainte, il vint en Prouence pour accomplir son vœu, & auant que de s'en retourner en son Païs il fonda cette Chartreuse de Montrieu, au lieu le plus proche, & le plus commode pour la sainte Baume l'an 1117. comme on lit dans quelques memoires de cette Chartreuse, au temoignage du R. P. Amable Chartreux en la Vie de Ste. Roseline.

A la page 337. il faut ajoûter au Catalogue des Euéques de Tolon, vn Antoine Euéque de Tolon 1545. qui estoit Vicelegat d'Auign. dans le Tome II. des libertez de l'Eglise Gallic. pag. 677.

A la page 340. de cette Chartreuse *Vallis sancta Maria Verna* de la Verne, fait mention

Chopin lib. 2. tit. 1. n. 42. du Domaine, difant qu'elle fut fondée l'an 1202. par les Religieux de la Chartreufe de Grenoble, à la requifition de quelques Gentilshommes du voifinage, qui, s'y faifant Religieux, donnerent à ce Monaftere la Seigneurie qu'ils y auoient, par la Charte de Raymundus de Foulqueriis l'vn d'iceux de l'an 1204. donation qui fut confirmée par Raym. Berenger Comte de Prouence, l'an 1223. & par Louïs II. Roy de Sicile & Comte de Prouence, l'an 1400.

A la page 341. en la ligne 4. ce *Castel Real* eft Carnoles, Village détruit depuis Raimond de Turaine : les Habitans s'eftant retirés à Pignans; & quelque temps apres, comme le terroir eftoit trop éloigné de Pignans, ils fe retirerent au lieu de Carnoules, y faifant plufieurs petits hameaux, & partant il faut corriger ce que j'ay dit en la ligne 8. de la même page, fur le nom de *Noulac*.

A la page 356. il faut ajoûter le Difcours fuiuant.

Difcours fur l'Eftat du jourd'huy de cette Province.

CHAPITRE VIII.

Pour la connoiffance entiere de cette Prouince, & pour faire voir les differences, & les rapports qu'il y a entre elle, & les autres Provinces du Royaume, l'on a trouvé à propos d'ajoûter icy ce petit difcours (que j'auois retranché lorfqu'on imprimoit cette Chorographie affin qu'elle ne fût trop longue) de trois chofes principales, qu'on y peut remarquer; fçavoir, de la IVSTICE, *des* FINANCES, *& de la* POLICE.

§. I.

La Iuftice de Provence.

IL y a en cette Province vne Iuftice *fouveraine*, & plufieurs *fubalternes*. Par la *fouveraine* j'entends le Parlement, établi dans la Ville d'Aix, depuis l'an 1501. par le Roy Louïs XII. comme nous deduirons plus amplement à fon temps en l'Hiftoire; n'y ayant eu au commancement de fon inftitution qu'vn Prefident, & onze Confeillers, defquels il y en auoit quatre Clercs ou d'Eglife, & fept Laïcs; dont le premier eftoit Garde des Sceaux en la Chancellerie; de plus vn feul Aduocat General du Roy, & deux Procureurs Generaux du Roy; vn Aduocat & vn Procureur des Pauvres, quatre Greffiers ou Secretaires, & quelques Huiffiers, le nombre des Procureurs n'y eftant pas defigné.

Mais depuis ce temps là le nombre de fes Officiers s'eft tellement augmenté, tantôt par l'erection d'vne Chambre entiere, dite la *Tournelle*, par le Roy François I. l'an 1546. tantôt d'vne autre, dite des *Enquêtes*, l'an 1574. tantôt par plufieurs creües de Prefidens & de Confeillers, pour de differents fujets, que le nombre des Prefidens au Mortier eft aujourd'huy jufques à fept, outre le premier Prefident, & les trois aux Enquêtes; de Confeillers, cinquante, dont il n'y en a maintenant qu'vn Clerc ou d'Eglife, les autres anciens Clercs s'eftant rendus Laïcs, & confondus auec les autres : d'Aduocats Generaux du Roy deux, & autant de Subftituts des mêmes Aduocats : de Procureurs Generaux du Roy, auffi deux, vn Aduocat & vn Procureur pour les Pauvres; vn Greffier ciuil, deux criminels, quatre Secretaires, trente-neuf Procureurs, & quatorze Huiffiers.

Tous les procés s'y doiuent juger felon les maximes du droit écrit; & il fe pratique en ce Parlement, vne procedure pour les lettres étrangeres, qui viennent de la legation d'Auignon ou de Rome, laquelle procedure n'eft point en vfage, à ce qu'on dit, aux autres Parlemens de France; fçavoir, que ces lettres ne peuvent eftre executées, fans la permiffion, qu'on appelle l'*attache* ou l'*annexe*, de la Cour, fuiuant le tres-ancien vfage de la Prouince, *quod litera ab extra non exequantur fine annexa.* Regift. *potentia.* A l'occafion de

ce dernier vfage, j'ajoûteray icy quelques autres Statuts, qui font prefque propres & finguliers à cette Prouince, fuiuant lefquels tous les proces & differends qui y furuiennent fe doiuent juger, fçauoir.

Quelques Statuts de Provence.

Quelques Statuts de Prouence.

Quòd l'ipso anno, famulus non possit petere stipendia. Regist. *potentia* in Archiu. Reg. Aq.

Filiæ non succedant stantibus Masculis. Regist. *potentia.*

Bona in mortuas manus translata, vendantur infra annum, pœna Commissi. Regist. *Rubei, Draconis & sagitarij.*

Nullus sit index in causa propria, sed Iudicem deputet. Regist. *Crucis.*

Quòd Notarij non ponant in Contractibus obligatoriis obligationes aliis Curiis, quàm Prouinciæ, sub pœna incurrenda. Regist. *Griffonis.*

Prohibitio venationis Columbarum priuatarum. Regist. *Turturis.*

Statutum extrahendi quintam partem pretij, in fauorem creditorum, qui non habitant in loco in quo capiuntur pignora. Regist. *Potentia.*

De insinuandis donationibus. Regist. *Pelicanus.*

Subditi Regij non extrahantur extra Prouinciam. Regist. *Potentia.*

Statutum de Compromitendo. Regist. *Potentia.*

Statutum de retinendo iure proximitatis. Regist. *Potentia.*

Statutum quod ius directi Dominij respectu pralationis & laudimiorum, perceptionum & retentionum per Dominum directum alteri cedi potest, & alienari. Regist. *Taurus.*

Pignorationes non debent fieri in bobus, equis, nec aliis animalibus aratoriis, neque in armis. Regist. *Pergamenorum & Potentia.*

Castra, & Villæ, & Iurisdictiones venditæ personis non generosis, infra annum vendantur personis generosis, aliàs ad manus curiæ ponantur. Regist. *Pergam.*

Condemini locorum, licet sint minores in iurisdictione, possunt inmittere omnia eorum æseria infra territoria talium locorum ad depascendum. Regist. *Potentia.*

Beneficia Prouincialibus conferantur, & exteri non recipiantur in beneficiis Regist. *Potentia.*

Nemo capiatur in Nundinis, vel domo pro debito. Regist. *Potentia.*

Statutum quòd Collectores Pedagiorum & lesdarum teneantur tenere, & ostendere presto id quòd realiter debent exigere, vt videant soluentes, si plus debito exigatur Regist. *Magdalena.*

Statutum quòd exteri contribuant pro bonis, quæ habent in locis, in quibus non habitant. Reg. *Potentia.*

Quòd ius Albenæ locum habeat in Prouincia. Regist. *Fœnicis.*

Chancellerie du Parlement.

Il y a aussi vne Chancellerie, dont le Garde Sceau est vn Conseiller au Parlement depuis l'an 1608. comme nous verrons en l'Histoire de ce temps là, auec tous les Officiers ordinaires Audienciers, Controlleurs, Secretaires, Referendaires, Chaufe-Cires, & Huissiers.

Iustice subalterne.

Par la Iustice *subalterne*, j'entends les Sieges des Lieutenants du grand Senéchal de la méme Prouince, dont la charge est aujourd'huy bien differente de celle que les grands Senéchaux auoient anciennement, comme nous verrons au discours de l'erection du Parlement, & à celuy des Gouverneurs, des Lieutenans du Roy, & des grands Senéchaux de cette Prouince, à la fin de l'Histoire. Lesquels Sieges sont au nombre d'onze : Le premier, celuy de la Ville d'Aix, dit le Siege general de Prouence, où il y a quatre Lieutenants ; sçauoir, le Principal, le Particulier, celuy des Submissions, & le Criminel; neuf Conseillers, deux Aduocats du Roy, & vn Procureur du Roy, trente-six Procureurs & plusieurs Sergents. Le deuxiéme celuy de Marseille auec les Officiers ordinaires : Le troisiéme celuy d'Arles; apres, ceux de Draguignan, de Forcalquier, d'Hieres, de Digne, de Grasse, de Brignolle, de Sisteron, de Castellane & de Tolon, auec leurs Officiers ordinaires, comme au Siege du Lieutenant general en la Ville d'Aix.

Viguiers & Iuges Royaux.

Sous le méme nom de Iustice *subalterne*, j'entends encore les Iuges Royaux, & les Viguiers pour le Roy, aux Villes Royales; & les Iuges & Lieutenants des Iuges, ou Bailes des autres petits lieux.

Le Preuôt des Maréchaux.

Par dessus cette sorte de Iustice, il y a encore celle de la Maréchaussée, composée d'vn Preuôt, de deux Lieutenants, d'vn Assesseur, d'vn Greffier, & de plusieurs Archers.

Insinuations, Commissaires des Inuentaires.

Il y a encore quelques autres Officiers, qu'on nomme Greffiers des insinuations, & Commissaires des Inuentaires, de l'institution desquels nous parlerons en l'Histoire.

§. II.

Les Finances du Roy en Provence.

Par le nom des Finances i'entends le *Domaine* du Roy en cette Province, lequel est de deux sortes, le *muable*, & l'*immuable*.

Dans le *muable* sont compris les greffes, seels, tabellionages, lates, inquans, geoles, peages, censes, seruices, & autres droits qui sont baillez à ferme ; & parce qu'ils augmentent ou diminuent de prix, ils sont dits muables. Domaine muable

Au méme rang pouvons nous loger les Doüanes, Foraines, & le droit de Gabelle de tout le Sel qui se fait en cette Prouince, dont le prix s'est tellement augmenté en l'espace, enuiron de trois cens ans, que ce qui ne valoit qu'vn sol, vaut maintenant vingt-cinq liures, à proportion de la diminution des mesures, & de l'augmentation du prix. Augmentation de prix du Sel.

1368. Du temps de la Reyne Ieanne, le Sel ne se vendoit qu'vn sol l'Emine mesure de Gabelle; mais à l'occasion de la guerre & du siege de Tarascon, occupé par le Duc d'Anjou, il fut augmenté de deux sols par la méme Reyne, auec le consentement des Estats : & pour lors il commença de se vendre l'Emine   3. s.

1571. Les proprietaires des Salins de Berre, ayant obtenu du Roy augmentation de prix de leur Sel, la Cour augmenta le prix d'vn sol, & vn denier pour Emine, & il se debita alors à   4. s. 1. d.

1575. Pour le payement des mortes payes des garnisons, & des Galeres, & gages des Officiers, le Roy l'augmenta de trois sols, & il se debitoit à   7. s. 1. d.

1578. Pour l'entretien du grand Prieur de France, Gouverneur de Prouence, il fut augmenté de six deniers, & il se debitoit à   7. s. 7. d.

1582. Pour l'entretien de la garnison de Seine, il fut augmenté de deux sols six deniers, & il se debitoit à   10. s. 1. d.

1584. Par Contrat particulier, il fut augmenté jusques à   1. l.

1597. Par Arrest du Conseil, il fut augmenté jusques à quatre liures l'Emine, mais par de tres-humbles remonstrances il fut reduit à cinquante-cinq sols l'Emine, & il se debitoit alors à   2. l. 15. s.

1603. Pour l'erection du College de Bourbon à Aix, pour les gages des Regents en l'Vniuersité d'Aix, & pour l'erection d'vne Academie à Aix, il fut augmenté de deux sols, & il se debitoit alors à   2. l. 17. s.

1608. Pour les gages des Officiers de creüe, il fut augmenté de 18. deniers, il se debitoit alors à   2. l. 18. s. 6. d.

1618. Pour l'augment des gages des Officiers du Parlement, il fut augmenté de trois sols quatre deniers, & ainsi il se debitoit à   3. l. 1. s. 10. d.

1622. Il fut augmenté jusques à   4. l. 9. s. 10. d.

1628. Il fut augmenté jusques à   6. l. 9. s. 10. d.

1646. Il fut augmenté jusques à   10. l. 4. s.

1661. Par dessus la reduction de l'ancienne mesure de l'Emine de 170. liures à celle du Minot de cent liures, poids de marc (qui font 125. liures) le prix fut encore augmenté jusques à 15. liures le Minot. Ce qui est, & sera, si la bonté du Roy ne diminuë ce prix, & n'augmente la mesure, vne desolation entiere de cette Prouince, pour beaucoup de sujets.

Le Domaine *immuable* sont certains droits de Foüage, d'Albergue, de Caualcade, & autres communs droits, que quelques gens de main morte, comme sont l'Archeuéque d'Arles, les Euéques de Digne & de Tolon, les Abbés de Biscaudon, de S. Victor & d'Aiguebelle, les Chapitres de Digne & de Frejus, le Monastere de Nôtre-Dame de Nazareth d'Aix; & les Communautez des Villes & Villages d'Arles, de S. Vincens, de Grasse, du Broc, de Frejus, de Draguignan, de Castellane, d'Hieres, de Castellet de Sauces, de Barbentane, de la Brillane, d'Oraison, de Mujoulx, du Martiguez, de Bargemon, de Rogiers, de S. Maximin, de Rillane, de Vachieres, de Manosque, de Toard, de saint Maime, de Sisteron, de Digne, de S. Michel, de Roquebrune, de Vence, de Soliers, de Domaine immuable

Tome I.   ¶¶¶

les Mees, de Bayons, de Lorguez, de Cucuron, de Mezel, de Calas, de Seillans, de la Valette, de Rians, de Courfegoules, & de Peliffane, font au Roy tous les ans, pour raifon de certaines terres & propriétés, droits Seigneuriaux, tafques & autres droits, que telles gens de main morte tiennent & poffedent, auec permiffion du Roy, dautant qu'vn des Statuts de Prouence dit, *quòd bona in manus mortuas tranflata, vendantur infra annum, pœna commiffi*, lefquels droits font receus par leurs Receueurs, & ne font point affermés, & pour ce fujet ils font dits *immuables*, parce qu'ils n'augmentent ny diminuent.

Dans le même rang pouvons nous loger trois autres droits domaniaux, que le Roy exige dans le même païs de Prouence, dits la *Taille*, le *Subfide*, & le *Taillon*.

La **Taille** Reale ou foüage, eftoit anciennement le don que les Eftats faifoient au Roy, pour fubuenir aux frais de la guerre felon les occurrences; lequel don fut puis apres reduit à vne impofition certaine de neuf liures par feu, y en ayant en tout 3019. fans compter ceux des terres Adjacentes. Et c'eft la raifon pour laquelle il eft appellé *foüage*. Ce droit eft exigé par le Receueur particulier du Domaine, qui le remet au general.

Subfide, ce droit prit fon origine au temps du Roy Charles IX. l'an 1561. qui fit vne impofition de cinq fols fur chaque muy de vin, qui entroit dans les Villes clofes & murées de fon Royaume; & pour abolir cette impofition les Eftats de cette Prouince accorderent au Roy vingt mille liures chacun an, durant fix ans. Mais non obftant ce, l'on a toûjours continué de leuer le même droit fur le peuple, à raifon de fept liures par feu; & il eft nommé *Subfide*, pour auoir efté accordé fubfidiairement, à la place du fus-allegué impoft fur le vin. Ce droit eft exigé par le Receueur particulier du Domaine, qui le remet au general.

Taillon, ce droit prit fa naiffance vers l'an 1520. au temps de Claude de Sauoye Comte de Tende, Gouverneur & Lieutenant general pour le Roy, & grand Senéchal en Prouence, auquel le Païs fourniffoit des viures, pour la fubfiftance de fa Compagnie d'Ordonnance, comme faifoient auffi les autres Prouinces à leurs Gouverneurs. Et l'an 1550. le Roy Henry II. fit vn Edit, portant commutation de viures en argent, & déflors il fut fait l'impofition du *Taillon*, à raifon de 9. l. par feu, qui font exigées par le Receueur particulier du Taillon, qui le remet au general.

De tous lefquels droits il prouient au Roy de tres-grandes fommes de deniers, & fon Domaine Comtal, s'augmente tous les jours de beaucoup, pour les droits muables; en forte que fon Domaine, qui du temps de l'vnion de cette Prouince à la Couronne de France l'an 1481. n'alloit qu'à cinquante mille liures, il montoit enuiron l'an 1624. jufques à quatre cens cinquante mille liures, au rapport des Sieurs Auditeurs du Roy, établis en la Chambre des Comptes à Aix, & l'an 1635. à de plus grandes fommes, felon le rapport que les mêmes Sieurs Auditeurs en firent, à la requifition des Procureurs des gens des trois Eftats de ce Païs de Prouence, que j'ay trouvé à propos de coucher icy, pour faire voir la qualité, & la quantité des droits domaniaux, difant

Rapport des rentes & revenus, que le Roy tire en ce Païs de Provence, fait l'an 1635. à la requifition des Procureurs des Gens des trois Eftats de ce Païs.

NOVS *Confeillers du Roy, Auditeurs, & Archinaires en la Chambre des Comptes, Cour des Aydes & Finances en Prouence, fatisfaifant à l'Ordonnance de ladite Cour, rendüe fur la Requefte des Procureurs des Gens des trois Eftats dudit Païs, inferée cy-deffus. Auons veu & verifié les comptes des receptes generales, & particulieres dudit Païs; enfemble les eftats de la valeur, & ceux du Roy rapportés fur lefdits comptes, & par iceux verifié, & trouvé que tout ce qui reuient de bon au Roy en fadite Recepte generale à raifon de*

La Taille Royale, qui fe leue en ladite Prouince, fur les Villes & lieux fujets à icelle, fans y comprendre les terres Adjacentes, & les lieux exempts, déduit les charges defdites receptes particulieres, affignées fur lefdits deniers, fe monter à la fomme de dix-huit mille fept cens foixante dix-huit liures, neuf fols, neuf deniers.   18778. l. 9. f. 9. d.

Le Subfide ou impofition de cinq fols pour muy de vin, reduite à fept liures par feu, fe montant à la fomme de dix-neuf mille deux cens vingt-vne liure, dix-neuf fols, & quatre deniers.   19221. l. 19. f. 4. d.

Le Domaine des neuf receptes particulieres d'Aix, de Marseille, d'Arles, de Draguignan, de Forcalquier, de Digne, de Brignolle, d'Hieres, & Grasse, qui entrent en la recepte generale, se monte dix-neuf mille cent quarante liures, vn sol, six deniers.   19140. l. 1. f. 6. d.

Outre ce, il entre en ladite recepte generale, directement le faifort des proprietez de Salins de la Prouince (lequel droit est maintenant aboli) se montant deux mille neuf cens vingt liures.   2920. l.

Le droit de Septain des Sels des Salines d'Arles, & des Maries (maintenant aboli) qui est casuël, arriue communement à six cens liures.   600. l.

La taxe & compofition des Offices des Notaires & Sergens (aujourd'huy abolie) qui est casuele, arriue ordinairement à six cens liures.   600. l.

La Doüane des épiceries & drogueries de Marseille (on dit qu'aujourd'huy elle est alienée) qui de present s'est affermée 8075. l. déduit les gages des Officiers, en reuient au Roy chacun an trois mille quatre cens liures.   3400. l.

Le Taillon de la gendarmerie, compris la derniere augmentation, reuient à septante mille liures.   70000. l.

Les deux pour cent de la Ville d'Arles (aujourd'huy alienés) font affermez chacun an dix-sept mille liures.   17000. l.

L'Impost de trois deniers sur chaque cent pefant, qui se leue audit Arles (aujourd'huy aliené) est affermé deux mille liures.   2000. l.

Outre ce que dessus, sa Majesté a le droit de Gabelle, de tout le Sel qui se vend dans les sept Greniers à Sel dudit Païs, qui font Berre, Marseille, Tarafcon, Tolon, Hieres, Frejus, & Antibe, à raison de six liures, neuf fols, dix deniers (en ce temps-là le Sel se debitoit à ce prix, mais aujourd'huy il a beaucoup augmenté) pour emine, outre l'augmentation nouvelle qu'il a pleu au Roy d'y establir, lefquels Greniers eftant affermez conjointement auec la ferme des Gabelles de Dauphiné, à raison d'vn million de liures chacun an en tout, nous ne pouvons diftinguer particulierement la valeur de ladite ferme de Prouence.

De même, pour ce qui est des droits de foraine, traite domaniale, & reappretiation dudit Païs pour eftre lefdits droits affermez coniointement auec ceux de Languedoc, à raifon le tout de quatre cens foixante-neuf mille liures.

Et pour ce qui est des cinq grosses fermes, celle de la Doüane de Lyon comprife, qui a esté affermée en dernier lieu à Me. André de la Fosse, au prix de deux millions quatre cens cinquante mille liures par an, nous n'en pouvons aussi faire aucune particuliere expreffion, pour ce qui est des droits que ledit Fermier leue audit Païs, tant sur le poiffon sec que falé, que pour toute forte d'autres grosses denrées, entrans dans ledit Païs de Prouence, pour n'eftre ladite ferme feparée defdites cinq grosses fermes, & n'auoir iamais efté leuées par les precedens Fermiers, sur ce qui se consume dans le Païs comme il se leue de present, quoy que lefdits droits foient importans, & de grande confideration. En foy de ce que dessus nous nous fommes fous-fignez au Bureau des Auditeurs du Roy, en Prouence, feant à Aix le 6. iour de Iannier 1635.

Officiers Souverains pour le Domaine du Roy, qui font en Provence.

IL est vray que durant le regne de nos anciens Comtes de Prouence, & Roys de Sicile, il n'y auoit en la *Chambre des Comptes*, établie dans Aix, qu'vn Prefident, deux Maîtres Rationaux, qui eftoient comme les Confeillers de la Cour des Comptes du jourd'huy, quatre Auditeurs ou Archiuaires, vn Procureur General; ayant cette Chambre la furintendãce, adminiftration & direction des droits domaniaux, & titres des mêmes Comtes, auec toute jurifdiction & connoiffance, tant en premiere inftance, qu'en dernier reffort & fouuraineté, du fait des Comptes, verification des lettres, obferuations & entretenement d'icelles & de tous Statuts, priuileges, dons, bienfaits, & autres droits du Païs de Prouence: Mais le temps a fait augmenter le nombre de ces Officiers, dautant que le Roy Henry II. l'an 1555. voyant que depuis l'erection du Parlement au même Païs, beaucoup de droits, qui appartenoient à la Chambre des Comptes s'eftoient eclipfez, ou par entreprife de Iurifdiction, ou parce que les Maiftres Rationaux, qui eftoient les adminiftrateurs des droits & domaines du Roy, s'eftoient rendus ou negligens à la conferuation de ces droits, ou ignorans de leur charge & fonction; Sa Majefté pour remedier à tout cela, rétablit cette Chambre des Comptes à fon entier premier reffort, authorité, jurifdiction,

Chambre des Comptes.

pouvoir, adminiſtration, prerogatiues, droits, titres, tant en premiere inſtance qu'en ſouueraineté. Voulant que d'ores en auant elle fuſt nommée la *Cour des Comptes, Aydes, Archiues, & Finances*: Et afin qu'elle peût vaquer plus vtilement à la conſeruation de ſes droits, Sa Majeſté l'augmenta de pluſieurs autres Officiers, Preſidens, Maiſtres Ordinaires, & Gens du Roy, dont le nombre en diuers temps s'eſt auſſi fort augmenté, en ſorte qu'aujourd'huy il y a quatre Preſidens, vingt-trois Conſeillers, deux Aduocats Generaux du Roy, vn Procureur General du Roy, & ſon Subſtitut: cinq Correcteurs des Comptes, quoy qu'ils n'ayent eſté établis que depuis l'an 1633. huit Auditeurs des mêmes Comptes, vn Greffier, vingt-deux Procureurs, & quelques Huiſſiers. Il y a auſſi vne Chancellerie auec les mêmes Officiers, qui ſont en celle du Parlement.

Cour des Comptes & le nombre de ſes Officiers.

Outre la Cour des Comptes, Aydes & Finances, il y a encore dans la même Ville d'Aix le Bureau des Treſoriers generaux de France, au nombre de vingt-trois, vn Aduocat & vn Procureur du Roy, & deux Greffiers, vn des Finances, & l'autre du Domaine, & quelques Procureurs & Huiſſiers.

Bureau des Treſoriers de France.

Il y a encore en Prouence la Iuriſdiction de la Generalité des monnoyes (qui ſe fabrique aujourd'huy dans la Ville d'Aix) auec ſes Officiers ordinaires, rétablie vers l'an 1577 & celles de la Table de Marbre, inſtituée l'an 1555. & de la Table de Mer, inſtituée l'an 1581. Comme encore vne autre juriſdiction du Maître des Ports, Pons, & Chemins, dont le Bureau eſt établi dans la même Ville d'Aix.

La Generalité des monnoyes.

Table de Marbre, & de la Mer, Maître des Ports.

Il y a encore des Officiers des greniers à Sel, les vns generaux, nommez Viſiteurs, qui ſont quatre en nombre, & qui jugent en premiere inſtance, pour le fait des Gabeles, & par appel à la Cour des Aydes. Les autres particuliers, établis en chaque grenier de Sel, à Berre, à Marſeille, à Taraſcon, à Tolon, à Hieres, à Frejus, & à Antibe. Comme auſſi des Controleurs des greniers à Sel, établis en chaque grenier, comme à Berre, à Marſeille, & autres.

Officiers des greniers à Sel.

Officiers des Finances, Comptables en Provence.

COmme le Roy tire de cette Prouince deux ſortes de deniers; ſçauoir, les vns de la part de l'Egliſe, pour les Decimes, & les autres de la part de ſon Domaine: auſſi il y a deux ſortes d'Officiers pour l'exaction de ces deniers.

Pour ceux de l'Egliſe, qui conſiſtent aux Decimes, il y a des Receueurs Prouinciaux, trois en nombre, l'ancien, l'alternatif, & le triennel, exercés tout trois par vne ſeule perſonne; comme auſſi des Controleurs de la même ſorte, & des Receueurs particuliers, & tout autant qu'il y a des Dioceſes en la même Prouince; leſquels Receueurs particuliers content deuant les Euêques, & les Auditeurs établis en chaque Dioceſe, & apportent leur recepte au Receueur Prouincial, qui porte la ſienne totale au Receueur general de tout le Clergé de France à Paris. Et pour la fonction de cette Iuriſdiction, il y a vn Bureau des Decimes de la Generalité de Prouence, établi dans la Ville d'Aix, où les proces concernant le fait des Decimes, ſont jugés par les Officiers ordinaires y établis.

Receueurs des Decimes pour le Clergé

Pour les Officiers des Finances du Domaine du Roy, qui content tous deuant les Auditeurs du Roy en la Chambre des Comptes de Prouence, il y a les

Receueurs & Controleurs des Finances du Roy.

Receueurs generaux des Finances, qui ſont quatre en nombre, l'ancien, l'alternatif, le triennel, & le quadrannel, leſquels apres auoir payé les gages des Officiers, & les autres charges ordinaires de la Prouince, doiuent porter le reſte à l'Epargne à Paris.

Controleurs generaux des Finances, qui ſont auſſi quatre en nombre.

Receueurs particuliers du Domaine, qui ſont onze en nombre, tout autant qu'il y a des Sieges de la Senéchauſſée en cette Prouince, leſquels remettent leur recepte au Receueur general, qui eſt en exercice.

Receueurs generaux du Taillon, qui ſont trois, l'ancien, l'alternatif, & le triennel, leſquels portent leur recepte au Receueur general de l'Ordinaire des guerres à Paris.

Controleurs generaux du Taillon, qui ſont auſſi trois en nombre.

Receueur particulier du Taillon, ny en ayant qu'vn, qui remet ſa recepte au Receueur general, qui eſt en exercice.

Receueur des amandes & confiſcations, vn, tant pour le Parlement, que pour la Cour des Comptes: & pour les amandes des Sieges de la Senéchauſſée, elles ſont remiſes au Receueur particulier de chaque Siege.

Treforier du Palais, & des deniers cafuels & extraordinaires.

Audienciers, & Receueurs des emolumens de la Chancellerie, tant en la Cour de Parlement, qu'en celle des Comptes: ceux du Parlement, apres les charges de la Chancellerie payées, doiuent porter le refte au grand Audiencier de France à Paris.

Le Treforier general du Païs de Prouence, dont nous parlerons tantôt, rend auffi fon compte pardeuant les mêmes Auditeurs du Roy, comme fera dit cy-deffous.

§. III.

La Police de Prouence.

PAr le mot de *Police*, j'entends la façon de regir, & gouverner toute cette grande Prouince, de pouruoir à la fubfiftance des troupes militaires, qui y viennent parfois par ordre du Roy, de fubueuir & remedier aux inconueniens, qui peuvent arriuer au detriment du même Païs, & de luy procurer fon bien & fon auantage.

Ce Païs a efté vni à la Couronne de France l'an 1481. non comme vn membre & acceffoire joint à fon principal, mais comme vn principal joint à vn autre principal, fans eftre confondu auec luy, mais retenant fes paches, conuentions, mœurs, ftiles, coûtumes, & priuileges; reconnoiffant le Roy de France pour fon vray Seigneur & Maiftre, non comme Roy de France, mais comme Comte de Prouence, fuiuant le Statut ancien de cette Prouince, qui dit, *quòd poft titulum Regis in literis, nofter Rex fe intitulet* COMITEM *Prouincia*, ainfi qu'il fera plus à plein deduit en l'Hiftoire, au Liure X. fur le Regne de Charles VIII. Roy de France & Comte de Prouence.

Celuy qui anciennement, fous les Comtes, auoit le gouvernement de cette Prouince, eftoit furnommé grand Senéchal, qui faifoit toutes les fonctions que fait aujourd'huy le Gouverneur, & le Lieutenant de Roy: mais ces trois charges ayant efté puis apres feparées, comme nous verrons en la fin de l'Hiftoire, tout le gouvernement, & la conduite de toutes les affaires, refide en la perfonne du Gouverneur, & à fon abfence au Lieutenant du Roy: & à l'abfence, hors de la Prouince, de l'vn & de l'autre, à la Cour de Parlement de ce Païs, qui par les ordres anciens de cette Prouince, fait toutes les fonctions ordinaires, que fon Gouverneur fait, quand il y eft prefent.

Pour l'execution des chofes ordonnées par les Gouverneurs, & pour la conduite des affaires generales, qui regardent tout l'intereft de toute la Prouince, ce Païs eft regi & conduit par de certaines perfonnes, qu'on nomme *Procureurs du Païs*, nom equiuoque, qui n'exprime pas bien, ce me femble, la grandeur, le pouvoir, & la dignité de cette charge: en effet, vn grand Prelat de cette Prouince, qui n'eftoit pas encore accoûtumé à nôtre idiome, les croyoit eftre comme des Procureurs de Iuftice, & traitta auec vn d'eux à Paris, auec moins de ciuilité que fa charge ne meritoit; ils feroient peut eftre plus honnorablement dits, comme on les furnomme enLatin, *les Peres de la Patrie ou de la Prouince*. Quoy que c'en foit, il y en a de deux fortes; fçauoir, Procureurs *nais*, & Procureurs *ioints*, ou plutôt *adioints*. Les premiers font l'Archeuéque d'Aix, ou fon grand Vicaire, les trois Confuls & l'Affeffeur de la même Ville d'Aix: pour les autres Procureurs il y en a deux de l'ordre du Clergé, deux de celuy de la Nobleffe, & deux du tiers Eftat, qui font les Confuls de deux Communautés de la Prouince. Lefquels Procureurs joints eftoient choifis & nommés, felon les formes anciennes, aux affemblées des trois Eftats de la même Prouince, lors qu'ils fe tenoient: & pour les Communautés, elles eftoient prifes à tour de roole.

Les Officiers du même Païs font, le Syndic des Communautez, le Treforier du Païs, les Greffiers des Eftats, au nombre de deux, vn Agent pour la conduite des affaires contentieufes des procés & quatre Valets de pied, portant la liurée du Païs: tous ces Officiers electifs & deftituables, felon l'exigence des cas; exepté le Treforier, ou Receueur general, qui eft à termes par conuention, pour la recepte des deniers impofés par la deliberation des Eftats.

Suiuant la rencontre des affaires, il fe fait en cette Prouince quatre fortes d'Affemblées fçauoir, *des trois Eftats*, *des Communautez*, *des Procureurs ioints*, *& des Procureurs nais*.

Assemblée des Estats & les personnes qui y assistent. La premiere, dite des Estats, ne se fait jamais que par ordre particulier du Roy, qui y depute des Commissaires; en laquelle assistent, non seulement les Procureurs nais, & joints de tous les trois ordres, mais encore outre l'Archeuéque d'Aix, tous les Euéques de la Prouince, tous les Abbez, & les Preuôts des Eglises Collegiales, qui sont de la nomination du Roy, tous les Gentilshommes possedans fiefs, toutes les Communautez, qui sont chefs de Vigueries, de Baillages, ou de Vaux, & quelques autres des principales de la Prouince, qui ont coûtume d'y auoir entrée, dont les noms sont exprimés cy-dessus en la page 346.

En cette Assemblée des Estats seulement, les Communautez d'Arles, & de Marseille assistent, non pas toutes deux ensemblement, mais selon la qualité du nombre de l'année, en laquelle on tient les Estats; au nombre pair Marseille y assiste, & Arles à l'impair; toutefois elles n'y ont point de voix deliberatiue, & n'y assistent que par honneur, & pour voir s'il s'y resoudroit quelque chose à leur prejudice; il est vray qu'on appelle premierement ou Arles ou Marseille, & le deputé tire tout simplement son chapeau sans rien dire, & tout incontinant apres on appelle pour opiner la Communauté d'Aix, & puis les autres, suiuant l'ordre cy-dessus établi. Et quoy qu'anciennement il y eust presque toutes les années, en cette Prouince, de ces Assemblées des Estats, neantmoins dépuis l'an 1639. il ne s'y en est point tenu, quelque instance qu'on ait faite au Conseil du Roy, pour des raisons qui ne nous sont point connuës.

Pendant les Estats les Consuls d'Aix ne sont point Procureurs du Pays. Mais il est à remarquer, que pendant la tenuë des Estats, les Consuls de la Ville d'Aix ne sont plus Procureurs du Païs, dautant que les constituans y sont presens, mais le premier Consul opine pour la Communauté d'Aix, le deuxiéme pour la Viguerie d'Aix, & le troisiéme, quand les Estats se tiennent dans Aix, opine pour le Val de Barreme, comme anciennement il opinoit pour tous les autres quatre Vaux, dont nous auons parlé cy-dessus en la page 346. lesquels Vaux maintenant entrent dans les mêmes Estats.

Assemblée des Communautés. La deuxiéme assemblée dite des Communautez, ne se fait jamais non plus, que par la permission du Roy, qui y depute aussi des Commissaires, y assistant les Procureurs nais & joints de tous les ordres, & toutes les sus-alleguées Communautez, qui ont coûtume d'y assister; & en ces deux Assemblées seulement il se fait des impositions, pour la necessité des affaires de cette Prouince.

Assemblée des Procureurs joints. La troisiéme Assemblée dite des Procureurs joints, se fait plus souvent, & toutes les fois que quelque grande affaire extraordinaire oblige tous les Procureurs nais, & joints, de s'assembler, mais en cette Assemblée il ne se peut faire aucune imposition de deniers, ny faire aucun don considerable, dautant qu'vn Procureur ne peut point obliger le bien d'vn constituant, sans son exprés consentement.

Assemblée des Procureurs nais. La quatriéme Assemblée des Procureurs nais se fait encore plus souvent, dans l'Archeuéché d'Aix, quand l'Archeuéque est en la Ville, & à son absence en la maison du premier Consul.

De parler de l'ordre qu'il faut obseruer en chacune de ces quatre Assemblées ou conuocations, comment il faut preparer les Sales, sieges & rangs pour tous les assistans; sçauoir, pour le Gouverneur & le Commissaire qui y assistent de la part du Roy; & pour tous ceux qui y ont voix, rang & siege; comment il faut accompagner & aller prendre le Gouverneur & le Commissaire; comment il faut appeller les Gentilshommes & Communautés pour opiner, & quel rang on leur doit donner : Comme aussi de parler des impositions anciennes & modernes, comment & qu'est-ce qu'on impose pour payer les charges ordinaires & extraordinaires du Gouverneur, du Lieutenant de Roy, de la Milice, du Preuôt des Maréchaux, des frais negotiaux, & autres énoncés à la fin de chaque imprimé des Assemblées, c'est chose qui ne nous appartient pas, ouy bien de remarquer,

En premier lieu, que par l'execution de toutes les Ordonnances faites par le Gouverneur, par le Lieutenant du Roy, & par la Cour, lors qu'elle a en main le gouvernement *Attache des Procureurs du Pays.* de la Prouince, il faut selon les formes anciennes, & de tout temps obseruées en cette même Prouince, comme l'adueu & le consertement, qu'on nomme *attache* (ainsi que la Cour de Parlement dit *annexe*) des Procureurs du Païs; ce qui fait que les Ordonnances sont plus agreablement acceptées & executées, & les dépenses alloüées par tout le corps *Le nombre des feux.* du Païs, à la decharge de ceux qui les ont faites.

En deuxiéme lieu, que les impositions des deniers, qu'on appelle vulgairement *Taille pour les deniers du Pais*, se font en cette Prouince à quottite de feux, y en ayant au tout pour les Communautez contribuables, jufques au nombre de 3019. ou 3031. felon le nouvel Affoüagement.

En troifiéme lieu, que les terres adjacentes, comme Marfeille, Arles & les autres, dont nous auons parlé cy-deffus en la page 356. n'entrent point aux charges, & impofitions ordinaires, pour les affaires de la Prouince ; & pour ce fujet elles n'entrent point aux affemblées des Communautés, où il ne fe fait que des impofitions pour fatisfaire aux demandes du Roy, & pour fubuenir aux neceffités de la Prouince.

En quatriéme lieu, que le Treforier general du méme Païs fait faire l'exaction des deniers, par des Commis particuliers, qu'il établit par toutes les Vigueries, & Bailliages de la Prouince : & qu'il rend fon compte pardeuant les Auditeurs du Roy, en la Chambre des Comptes du méme Païs, y affiftant l'Archeuéque de la Ville d'Aix, s'il veut, ou fon grand Vicaire, les Confuls de la méme Ville, qui eftoient en charge en l'année, dont on rend le compte, le deputé de la Nobleffe, le Syndic des Communautez, deux deputés des Communautez, les Greffiers du Païs, & l'Agent des affaires du méme Païs.

ADDITIONS A L'HISTOIRE
au même Tome premier.

A La Page 545. pour la vraye explication du mot *Paganus*, dont je parle en cette page, voyez vn tres-docte & tres-ample difcours, & explication de ce mot dans Baronius au Martyrologe, fur le dernier Ianuier.

A la page 601. où il eft parlé de l'Empereur *Auitus*, ajoûtés qui eftoit particulierement fort affectionné en Prouence, comme il appert par vne monnoye d'or, trouvée l'an 1665. en la Ville de Manofque, qui eft conferuée à Aix dans le Cabinet du tres-curieux S^t. Lautier; dans laquelle on void à vn côté la figure de cet Empereur, auec cette legende D. N. AVITVS PERP. F. AVG. c'eft à dire, *Dominus nofter Auitus perpetuo felix Auguftus* : & au reuers, la figure du méme Empereur, tenant à fa main droite vne Croix, & en fa gauche la Victoire, fupportée fur vn globe, laquelle luy prefente vne Couronne, ayant fous les pieds vn Captif, auec cette legende à l'entour VICTORIA AVGGG. c'eft à dire *Victoria Auguftorum* ; ayant au côté droit vn A, & au gauche vn R. peut eftre que cela veut dire *Arelate* où cette monnoye auroit efté batuë, & au plus bas de la monnoye, COMOB que l'on interprete, *Conftantinopoli moneta obfignata*.

A la page 646. je trouve fort à propos de rapporter icy tout entierement le paffage d'Agathias, dont je n'ay rapporté que quelque peu de mots en cette page, parlant fi auantageufement des François, qui eftoient déja de fon temps, au regne de l'Empereur Iuftinien, nos Maiftres de Provence, difant au liure I. (felon la verfion de Bonav. Vulcanus Lugd. Bat. 1594.) au fujet du recours que les Oftrogoths eurent aux François, pour fe defendre contre les Romains, comme nous auons dit en la Vie de Vitiges GOTHI *cùm per breuiffimum tempus fefe continuiffent, rurfus res nouas moliti, alterius belli femina jecerunt: Cùmque ipfi per fe impares fefe judicarent, qui deinceps cum* ROMANIS *præliarentur, ftatim ad* FRANCOS *fe conuerterunt, melius res fuas habituros rati, vtilitatemque fe inde longè vberrimam percepturos, fi cum finitimis & propinquis, focietate inita, bellum facilius inftaurarent; funt enim* FRANCI *Italis accolæ & contermini* (ils auoient donc déja des terres pres d'Italie, c'eft à dire la PROVENCE) *olim dicti* GERMANI, *quòd quidem fatis conftat: nam circa Rhenum Fluuium habitant, & continentem ei adjacentem, maximamque Galliarum partem occupant;* MASSILIAM *quoque vrbem tenent, Ionum Coloniam. Hanc enim olim Phocenfes ex Afia à Medis pulfi incoluerunt, Dario Hyftafpis filio apud Perfas regnante, &c. Sunt enim* FRANCI, *non campeftres, vt ferè plerique Barbarorum, fed & Politia vt plurimum vtuntur Romana, & legibus eifdem, eamdem etiam contractuum & nuptiarum rationem, & Diuini Numinis cultum tenent.* CHRISTIANI *enim omnes funt, rectiffimèque de Deo fentiunt; habent & Magiftratus in Vrbibus, & facerdotes; Fefta etiam perinde atque nos celebrant*

& pro Barbara natione valdè mihi videntur ciuiles, & vrbani ; nihiloque à nobis differre , quàm solummodo vestitu , & lingua proprietate. Ego certè eos , cùm ob alia quib. præditi sunt bona, tum verò ob mutuam inter se iustitiam & concordiam summopere, miror, frequenter enim iam & olim, & mea ætate, modo inter tres , modo inter plures diuiso ipsis imperio, numquam aduersus sese mutuè bellum mouisse , neque ciuili sanguine patriam inquinasse. Consequemment il les loüe de leur bonne conduite , & politique, en fait de guerre; ne voulant point que le public souffre pour la diuision qui pourroit estre entre ses Princes ; disant que les armées estant prétes pour combatre, ils font tous des conferences pour faire la paix. Il les loüe aussi de leur Iustice,& amour enuers la Patrie , releuant fort ces deux vertus: *Iustitia enim & amicitia vbi vigent , beatam firmamque efficiunt rempublicam & nequaquam ab hostib. expugnabilem.*

FRANCI itaque hoc modo optimè vitam suam instituentes , & sibi ipsis , & finitimis imperant ; filÿ parentibus in regnum succedunt , &c. (Voila la Loy Salique) *Sed eo tempore quo* GOTHI *legationem ad eos miserunt, tres ipsi erant Principes ;* Sçauoir, Theoderic, Childebert, & Chlotaire Enfans de Clouis, car Clodomire autre fils de Clouis auoit déja esté tué par les Bourguignons , comme dit le même Agathias , qui ajoûte, comme il fut reconnu entre les morts , par sa royale cheueleure, qu'il décrit en ces termes, *solemne enim est Francorum regibus , nunquam tonderi, sed à pueris intonsi manent. Cæsaries tota decenter eis in humeros propendet ,anterior coma è fronte discriminata in vtrumque latus deflexa.* Voila justement comme par vn excez de licence & de liberté, quasi tous les François portent la cheueleure aujourd'huy.

A la page 650. sur ce qui est rapporté de l'authorité d'Agathias en cette page, que Theodebert Roy des François ne pouuant souffrir la vanité de Iustinien , de se dire Francique , &c. il auoit resolu de luy faire la guerre , & de porter ses armes en Thrace, jusques à la Ville de Constantinople, appellant à son ayde toutes les nations, qui estoient offensées en la vanité des titres de cet Empereur. *Hoc verò Concilium suum adeo grauiter reipsa, tantoque apparatu est prosequutus , vt etiam ad Gepidas , & Longobardos , aliasque nonnullas finitimas gentes legationem instituerit , vt & hi in societatem belli venirent , neque enim tolerandum esse censebat, quòd Imperator* IVSTINIANVS *in Edictis Imperatoriis* FRANCICI , & ALEMANICI, *necnon* GEPIDICI, & LONGOBARDI; *aliosque huiusmodi titulos sibi vendicaret , perinde ac si omnes hasce gentes subiugasset. Quocirca & ipse grauiter hanc iniuriam ferebat, & alios, vt communi secum iniuria contumeliaque affectos , ad indignationis societatem solicitabat.*

A la page 689. pour vne plus claire , & plus asseurée intelligence de l'institution des Ducs, Marquis , Comtes , Vicomtes, dont nous auons parlé aux pages 689. 837. & 871. du premier Tome , & principalement pour ceux qui ont esté faits au Languedoc , & en Prouence ; sert vn beau discours, que fait le tres-sçauant S.r de Marca , au Liu. 8. Chap. 1. de son Histoire de Bearn , où il dit, que par les Ordonnances Gothiques, en chaque Cité il y auoit, pour rendre Iustice aux Habitans , & à tout le Païs , qui en dependoit , de ces Comtes établis par les Goths,& puis continués par les François aux Villes de Narbonne, de Tolose, de Beziers, de Nismes, de Lodeue, d'Vsez, d'Agde & de Maguelonne. Mais parce que puis apres l'on trouve qu'en ces mémes Villes, on y a veu de Vicomtes: pour accorder tout cela , le sus-allegué S.r de Marca estime que Louïs le Debonnaire ,considerant que la Prouince de Languedoc faisoit frontiere , du côté de Narbonne , auec l'Espagne , que les Mores occupoient ; & par Mer , auec l'Affrique , il établit en cette Ville vn Duc , Marquis ou Comte, qui eust l'Intendance, & le gouuernement general de tout le Païs , auec le gouuernement particulier de quelques Cités , afin d'estre en estat de repousser, auec des forces conuenables, les irruptions des Sarrazins; ou bien soûtenir les Comtes de Geronne, d'Ampurias & de Barcelonne, s'ils estoient pressés par les ennemis. Ce Gouuerneur general estoit qualifié Duc de Septimanie,comme l'on void chez les Autheurs de la Vie de ce Louïs , & porta en suite le titre de Marquis de Gothie, il possedoit les Comtez de Narbonne , de Beziers , de Nismes, d'Agde, & de Lodeue , & auoit sous soy des Vicomtes, qui estoient ses Lieutenans generaux, dans l'étenduë du territoire de ces Villes. Les Marquis de Gothie ayant esté ruinez, les Comtes de Tolose profiterent du debris; & les Vicomtes des Cités, se preualants du desordre du temps, qui auoit rendu les fiefs hereditaires, se firent Maistres de l'authorité & des reuenus des Comtes. Et neantmoins ils n'entreprirent point de changer leur qualité de Vicomte , qu'ils retinrent toûjours par modestie, pour n'encourir l'enuie & la haine des Comtes leurs Voisins.

Quant à la ville de Carcaſſonne, elle ſeule fut poſſedée par ſes Comtes particuliers, qui conſeruerent la dignité Comtale, comme fit auſſi la ville de Maguelone, ſous le nom du Comte de Suſtantion & de Melgueil : & celle d'Elne, ſous le titre du Comté de Rouſ-ſillon, dont l'Euéché a eſté transferé depuis en la ville de Perpignan. Conformement à ce qui a eſté fait au Languedoc, il faut dire que la même choſe a eſté faite en Prouence; & qu'outre le Comte d'Arles General de toute la Prouence, il y auoit encore des Comtes particuliers en chaque Cité Epiſcopale (comme j'ay dit en la page 871. du premier Tome, parlant du Vicomte de Marſeille) & des Vicomtes en ces mêmes Villes; & ay remarqué en quelque part qu'il y auoit en même temps Comte & Vicomte d'Arles, auſſi bien que d'Auignon, de Siſteron, & autres villes Epiſcopales

A la page 732 ſur le ſujet des parentés & alliances de *Hugues* Roy d'Arles, & d'Italie, dont nous parlons amplement en la page 785 du premier Tome : nous auons dit en cette page 732. que du pretendu Mariage entre Lothaire Roy de Lorraine & Valdrade, n'eſtoit ſorti que Hugues, vulgairement dit le Bâtard, & vne Berthe femme de Thibaut, & mere de noſtre Hugues Roy d'Arles : il faut encore ajouſter deux filles ſorties de ce pretendu mariage, qui par conſequent ſeroient Tantes de noſtre Roy Hugues, ſçauoir

GISLE ou GISELE, au rapport du Sr du Cheſne Lib. 2. cap. 13. & du P. Labbé en ſes alliances pag. 109. mariée l'an 882. auec Godefroy Roy des Danois, qui ſe conuertirent à la foy Chreſtienne; & eut en dot quatre vingts liures d'or auec le pays de Friſe. *Ex annalib. Metens.*

ERMENGARDE Religieuſe à l'Abbaye de Sainte Iuſtine de Luques; comme il ap-pert par cette Epitaphe, qu'on y void encore (à nous communiquée par la li-beralité du Sieur du Bouchet)en laquelle il eſt dit,que cette Ermengarde eſtoit fille du Roy Lothaire.

Hic iacet in tumulo fælix, venerabilis atque,
ERMENGARDIS *olim, námque dicata Deo.*
Quam REX *egregius* LOTHARIVS *edidit ipſe,*
Germaniæque decus, Francorúmque potens,
Hùc quiſquis veniens Epigrammata legerit iſta,
Dic, famula, Chriſte, probra remitte tua.

En la pieuſe fondation que ce même Roy Hugues fit à l'Egliſe de Vienne, rapportée en la page 935. il eſt dit, que ſa premiere femme auoit nom VILLE : il la faut donc ajoû-ter au nombre de ſes femmes en la page 786.

Il eſt encore dit en la même fondation, que cet Hugues auoit des freres & des ſœurs. *Fratrum ac ſororum mearum :* doncques comme il auoit pluſieurs freres, dont nous auons rapporté les noms en la page 785. il deuoit auoir quelqu'autre ſœur par deſſus HERMEN-GARDE y enoncée; Et croit-on preſomptiuement qu'il en auoit vne autre, ou du chef de ſon pere Thibaut,ou de celuy de ſa mere Berthe,qui auoit nom TEVTBERGE,mere de ce grand Manaſſes Archeuéque d'Arles,dont il eſt ſouuent parlé dans l'hiſtoire de ce temps; comme il ſe collige d'vne donation que ce Manaſſes fit enuiron l'an 948. du lieu de Iu-liac, & des Egliſes de S. Maurice, de Ste. Marie, de S. Iean & de S. Martin, proche le Comté de Chalon, au Monaſtere de Cluny, & à l'Abbé Aimar, pour le repos de l'ame de Varnier Bourguignon ſon pere, de TEVTBERGE ſa mere, & de ſes freres Hugues, Ri-chard, & Bozon, en preſence de Berthe Comteſſe de Prouence,ſa couſine germaine; que le Latin qualifie de *propinqua,* germaine. Si doncques cette Berthe, qui étoit Niece, & fille d'vn frere de nôtre Roy Hugues, étoit couſine Germaine de ce Manaſſes, il falloit que ce Manaſſes fût fils d'vne ſœur du même Roy Hugues. *Ex Arch. Cluniac. à Domino du Bouchet.*

A la page 759. Nous auons dit en diuers endroits du premier Tome, & ſur tout aux pages 759. & 768. & au ſecond Tome, aux pages 11. 12. & 23. qu'on n'auoit pû ſçauoir le nom propre d'vne fille de nôtre Roy Bozon, & ſœur de l'Empereur Louys IV. dit l'A-ueuglé, & femme de Rothbald I. & premier Comte de Provence ; du depuis nous auons appris qu'elle auoit nom ENGELBERGE,comme il conſte par cette Charte ſuiuante, qui eſt vne donatiō de Guilleaume I. dit le Pieux Comte d'Auuergne,de Poictou,& de Berry,qui ſe ſurnōmoit auſſi Duc de Guienne faite l'an 913. au Prieuré de Maiſſac, dit en Latin *Ma-gentiacum,*en Auuergne,dependant de l'Abbaye de S. Lomer de Blois:en laquelle donna-tion il eſt fait mention de ſa femme, nommée Engelberge, ſœur de Louys Empereur:

Tome I.

¶¶¶¶

Parentés & Alliances de Hugues Roy d'Ar-les & d'Italie.

La fille du Roy Bozon ſœur de l'Empereur Louys IV. & femme de Rothbald. I. Comte de Provence, auoit nom ENGELBERGE,

Charte tirée du fufdit Prieuré de Maiffac, à nous communiquée à Paris, par la liberalité du fufallegué P. Labbé Iefuite, difant ainfi :

Crebefcentibus quotidiè malis, &c. Ego VVILLELMVS, *Dei gratia Comes, cogitans fecundùm inflituta legum, & confuetudinem religioforum hominum, pro remedio anima mea, patrifq; mei & matris, Senioris* (Seigneur) *quoque quondam* ODONIS. (Le même Comte Guillaume en la fondation du Monaftere de Cluny, dont nous parlerons tantôt, fait auffi mention d'vn Odo, qu'il qualifie du nom de fon pere ; mais en la fondation de ce Prieuré, apres auoir parlé de fon pere, fans le nommer, parlant d'vn Odo, il y a de l'apparence que cet Odo n'étoit pas fon pere : mais plûtôt Odo premierement regent vers l'an 888. puis Roy de toute la France; & apres partageant tout le Royaume auec le Roy Charles le fimple il eut pour fon partage toute la Guienne, où il fauorifa grandement ce Comte Guillaume, qui ne fut pas ingrat à fuiure toûjours fon parti pendant fa vie, & à faire prier Dieu, apres fa mort, pour le repos de fon ame.) *fed & LVDOVICI Imperatoris, & fororis ejufdem, dilecta conjugis mea INGELBERGAE.* (En cette année 913. il n'y auoit point d'Empereur nômé Louys, que Louys IV. dit l'Aueuglé, fils du Roy Bozon, qui auoit veritablement vne fœur, dont le nom doit donc étre celuy d'Engelberge) *atque aliorum parentum meorum, dono & à die prafenti trado, de rebus meis legali jure acquifitis Sto. Confeffori Chrifti LONOMARO, & Monachis, quos ante vnum annum, pro Dei amore fufceperam, & pradio Magentiaco collocaueram, &c. Actum anno Incarn. Dom. DCCCCXIII. Ind. 1. menfe Maio. Vvillemus Princeps huic Teftamento à me facto, & relicto, fubfcribi ita fignato iuffi † S. Ingelberga, S. Huberti Vicecomitis, &c.*

Et dans la fondation du Monaftere de Cluny en Bourgogne, faite l'an 910. par le même Guillaume le Pieux Comte d'Auvergne, & de Poictou, rapportée par le Sr Iean Befly Aduocat du Roy au Siege Royal de Fontainé le Comte en fon Hiftoire de Poictiers, & par le P. Sirmond Tom. III. Conc. Gall. il eft fait mention de la même Engelberge, fondatrice du même Monaftere, femme de ce Comte Guillaume le pieux; laquelle en la precedente charte eft dite étre fœur de Louys Empereur : c'eft ainfi que dit cette fondation:

Cunctis fané confiderantibus, &c. Ego VVILLELMVS dono Dei Comes & Dux, folicitè perpendens ac propria faluti, &c. ob amorem Dei & Saluatoris noftri Iefu Chrifti, res iuris mei Sanctis Apoftolis Petro, videlicet & Paulo, de propria trado donatione, CLVNIACVM fcilicet villam, qua fita eft fuper fluvium, qui GRANNA vocatur, cum curtile & manfo indominicato, &c. Dono autem hac omnia iam dictis Apoftolis, ego Vvillelmus & vxor INGELBERGA, primùm pro amore Dei, deinde pro anima Senioris mei ODONIS progenitoris, & genitricis mea, pro me, & vxore mea falute fcilicet animarum noftrarum, & corporum, &c. pro animabus quoque fratrum ac fororum noftrarum, NEPOTVMQVE. (Il eft à remarquer que, puis que ce Comte Guilleaume n'eut point d'enfans, au témoignage de tous les Efcriuains qui ont parlé de luy ; en effet s'il en auoit eu quelqu'vn, il les euft nômmés en cette charte ; ce mot de *Nepos* même au temps de ce Comte Guilleaume, ne fignifioit pas tant petit fils de quelqu'vn, comme fils de fon frere; & d'icy l'on peut foudre beaucoup de difficultés, qui fe rencontrent en la lecture des hiftoires, fur les degrés des parentés, pour les perfonnes qualifiées du nom de *Nepos*, ou de *Neptis* : comme en celle de Berthe, femme de Bozon I. Comte de Prouence, qualifiée du nom de Niece du Roy Hugues *Tom. II. pag.* 28. c'eft à dire fille de fon frere Bozon, Marquis de Tofcane : & en la perfonne de Guillaume II. Comte de Prouence, qui eft dit étre *Nepos* de Rothbald Comte de Forcalquier, *Tom. II. pag.* 56. c'eft à dire fils de fon frere Guillaume I. Comte d'Arles) *atque omnium vtriufque fexus propinquorum. Actum Biturica ciuitatis publicè, Vvillelmus ego hanc authoritatem fieri & firmari rogaui, ac manu propria roboraui. Signum Ingelberga vxoris eius, B. Madelbertus peccator Bituricenfis Archiepifcopus, &c.* & quarante autres témoins. *Actum vndecimo, regnante Carolo Rege. Ind. XIII. Ego Odo Leuita ad vicem Cancellary fcripfi, & fubfcripfi, anno Chrifti 910.*

Comme encore il eft fait mention de la même Engelberge, femme de ce Guillaume, dans vne donnation, faite au Monaftere de Bourgdieu en Berry de l'an 917. au rapport du P. Labbé en fes Genealogies.

Mais quand nous n'aurions point de preuues literales que cette Princeffe, fœur de l'Empereur Louys fils de Bozon, eut nom Engelberge, nous auons des conjectures, & des prefomptions demonftratiues, fondées fur l'vfage de ce temps-là, d'impofer aux enfans les noms de leurs progeniturs, comme nous auons fouvent prouvé dans l'Hiftoire par plufieurs exemples, & partant comme Hermengarde, femme du Roy Bozon, & fille de l'Empereur Louys II. & d'Engelberge ſa femme, auoit donné au fils, qu'elle eut de Bozon, le nom de ſon propre pere, ſçauoir celuy de Louys : il étoit bien raiſonnable qu'elle donnaſt à la fille, qu'elle eut du même mariage, le nom de ſa propre mere, ſçauoir celuy d'Engelberge : comme la méme Engelberge la fille donna puis apres le nom de ſon propre pere, qui étoit Bozon, à ſon premier fils, & le nom de ſon mary, qui eſt Rothbald, à ſon ſecond fils.

Il eſt vray qu'on ne collige point d'aucune de ces chartes, que cette Princeſſe ait été mariée deux fois : & qu'outre le ſuſallegué Guillaume le Pieux, Comte d'Auvergne, elle en ait encore eu vn autre, nommé Rothbald premier Comte d'Arles ou de Prouence, comme nous auons étably en nôtre Hiſtoire Tom. II. pag. 23. mais auſſi on ne collige pas le contraire, & qu'elle n'ait été mariée qu'vne ſeule fois ; & je ne vois point de repugnance, conſiderant la datte des temps, auſquels ces deux perſonnages ont vécu, qu'elle ne les ait, à diuers temps, épouſés tous deux.

Mais quel a été le premier, & quel le deuxiéme mary de cette Princeſſe ? Encore que je ne treuve point d'impoſſibilité de croire, que ce Rothbald ait été ſon premier mary, & ce Guillaume, le deuxiéme ; neantmoins puis que l'an 33. du regne de l'Empereur Louys IV. frere de cette Princeſſe, vivoit à Arles vn Rothbald, comme j'ay démontré en la page 24. & en la page 1054. du II. Tome de nôtre Hiſtoire, qui correſpond à l'an 923. de l'Incarnation du Fils de Dieu ; & que d'autre part ce Comte Guillaume le Pieux mourut ſeulement l'an 918. dans les Genealogies du P. Labbé page 445. ou l'an 917. au témoignage du Sr de Bouchet, au Iournal des Sçauants du 8. Février 1666. il y a plus d'apparence de croire que ſon premier mary fut ce Comte Guillaume ; & que quelque temps apres, pour la neceſſité des affaires de l'Empereur ſon frere, elle ſe remaria auec ce Rothbald à Arles, n'étant âgée en la mort de ſon premier mary, que de 40. ans, puis qu'elle nâquit enuiron l'an 877. & ce Guillaume mourut l'an 918. ou 917.

De ſon premier mary elle n'eut point d'enfans ; car ce Comte Guillaume laiſſa tous ſes Eſtats à ſes deux neueux, comme inſinue la Chronique d'Ademar Mailliac de Maillaizais, en l'Hiſtoire d'Aquitaine, rapportée par le Sr Beſly : laquelle parlant de la fondation de Cluny, faite par ce Guillaume l'an 910. dit clairement qu'il n'auoit point d'enfans, *Vvilielmus Dux Aquitanorum conſtruxit Cluniacum Monaſterium in fundo proprio, quod eſt in Burgundia, qui cum non haberet* PROLEM, *&c.* & de ſon deuxiéme mary elle en eut deux, ſçauoir Bozon I. & Rothbald II. Comtes d'Arles, ou de Prouence Orientale : ayant donné au premier le nom de ſon pere Bozon, & au deuxiéme le nom de ſon mary Rothbald.

I'aduoüe ingenûment, que tant le deuxiéme mariage de cette Engelberge auec ce Rothbald I. que la naiſſance de ſes deux fils Bozon I. & Rothbald II. n'ont autre fondement, par le defaut de titres, que ſur la preſomption : mais puis qu'il eſt tres-certain qu'il y ait eu vn Bozon, & vn Rothbald Comtes d'Arles, il eſt plus que probable qu'ils étoient Princes de naiſſance, & parents de la maiſon : & ils ne le pouvoient être que du chef de cette Engelberge leur mere, qui étoit ſœur vnique de ce Louys Empereur, Maître de Prouence. Et puis que c'étoit l'vſage en ce temps-là d'impoſer aux enfans le nom de leurs progeniteurs, ce nom de Rothbald impoſé puis apres à quelques Comtes d'Arles, & de Forcalquier, eſt vn argument que le nom de cette Engelberge, ſource des Comtes d'Arles pouvoit auoir le même nom de Rothbald. Mais ſi cela eſt ainſi, comme il y a plus que d'apparence, il faut changer la datte du regne de ce Rothbald, & l'établir vers l'an 920. & pour le temps de ſa durée, il nous eſt incertain, puis qu'il n'y a pas de repugnance qu'apres la mort de l'Empereur Louys IV. ſon beaufrere, il ne ſe ſoit bien comporté auec Hugues Roy d'Arles, qui le maintint dans ſes Eſtats, comme il conſidera fort ſon fils Bozon ; à qui il fit épouſer Berthe, vne de ſes niéces.

De ce que nous auons dit vn peu auparauant, que cette Princeſſe auoit contribué quelque choſe à la fondation du Monaſtere de Cluny, l'on peut colliger vrayſemblablement, que c'eſt d'icy d'où a pris ſujet la grande affection, que les premiers Comtes de Prouence portoient à cet Ordre, à qui ils ont donné la ville de Valenſole, le lieu de Ganagobie, & fait d'autres grands biens ; voire même Guillaume I. arriere-petit fils de cette Engelberge, ſur la fin de ſes iours prit l'habit de cet Ordre, & s'en fit Religieux ; comme fit encore Guillaume II. ſon fils, au rapport du Sr du Cheſne. Et c'eſt auſſi vraiſemblablement que de ce premier mariage de cette Engelberge auec ce Guillaume le Pieux Comte d'Auvergne, ce nom de Guillaume, qui auparauant étoit comme inconnu en cette Prouince, a commencé à étre donné à nos premiers Comtes de Forcalquier & de Prouence; & que Rothbald II. fils de cette Engelberge, voulut donner le nom de Guillaume à son deuxième fils Comte de Forcalquier, en consideration du premier mary de sa mere Engelcerg; comme il auoit donné le nom de Bozon,à son premier fils, en consideration de son frere Bozon I. Comte d'Arles.

A la page 830. Au sujet de l'Arbre genealogique des Comtes de Forcalquier, mis en cette page.

Pour la preuve que *Bertrand de Tolose*, premier du nom, Comte de Forcalquier, ait eu deux fils, nommez Bertrand II. & Geoffroy, sert la suiuante charte, qui dit, que ces deux Comtes Geoffroy & Bertrand, sont fils d'vn Comte Bertrand, & petis-fils d'vn Guillaume, qui doit étre Guillaume surnommé Taillefer Comte de Tolose; & partant cette charte sert encore en quelque façon, pour la preuue de ce que nous disons en la page 860. au sujet de l'établissement du Comté de Venaiscin, par vne fille de Forcalquier, & vn fils d'vn Comte de Tolose.

In Dei nomine, ego GAVFREDVS *Dei Ordinatione Comes, quodam stimulo diuinæ inspirationis, facto, & exemplo, & deprecatione mei fratris* BERTRANNI (quoy que ce Bertrand soit icy nommé le second, neantmoins il étoit l'aisné, parce que le donnateur, comme étoit ce Geoffroy, doit étre nommé le premier) *nostrorumque nobilium militum laudatione, & crebra Monachorum interpellatione, cœpi cogitare, quòd Ecclesiastica à nobis iniustè possessa, potius essent reddenda, quàm diu possidenda; denique in villa, quam rustica lingua nominant* PERTVSIVM, *tenebamus mistralium, & portum, & mercatum, & destructum, & alia plura, quæ olim ab* AVO *nostro* VVILLELMO *data fuerant Sanctæ Mariæ, Sanctóque Petro Monasterij Montis Majoris; sed superioribus dictis assensum præbens, placuit mihi reddere supradictis Sanctis medietatem meam* (doncques les freres Comtes de Forqualquier auoient leurs biens communs & indiuis) *quam malè tenebam, pro remedio animæ meæ, &* PATRIS *mei* BERTRANNI (c'est Bertrand I.) *& accipiens de denarijs Monasterij* 300. *solidos, &c. Facta est hac donatio solemniter in Mense Martio, regnante Domino nostro Iesu Christo, qui cum Patre & Spiritu Sancto viuit & regnat Deus per omnia sæcula sæculorum. Ego S. Gaufredus, qui cum bona voluntate hanc Cartam scribere, & testes firmare rogaui, manu propria firmaui. S. Bertrannus Comes frater eius. S. Rambaldus Archiepisc. S. Bozo frater eius. Bonifacius frater eius. S. Pontius Episcopus Massiliensis. S. Guillel. frater eius. Aicardus frater eius, &c.* Dans la genealogie des Vicomtes de Marseille ces trois freres, Pons Euéque, Guillaume & Richard y sont nommés, vers l'an 1040. & Rayambald Archeuéque d'Arles viuoit aussi en ce temps-là; doncques cette charte est conforme à ce qui est marqué en la Genealogie des Comtes de Forcalquier. *Ex Tab. Mon. Mont. Maior. à Domino du Bouchet.*

Pour la preuve en suite, de ce qui est dit en la méme Genealogie des Comtes de Forcalquier, que de Bertrand II. soient sortis deux fils, nommés Guillaume & Geofroy, sert la Charte suiuante, qui dit, que ce Guillaume & Geoffroy, à l'imitation de Bertrand II leur pere, & de Guillaume leur grand pere, rendent au Monastere de Montmajor, quelques droits qu'ils luy retenoient, pour la ville de Pertuis.

Ego VVILLEMVS, *& ego* GAVFREDVS *Comites reddimus, & donamus totam decimam de villa quam nominant* PERTVSO: *quod olim avus noster* VVILLELMVS, *dederat Monasterio Montis majoris: adiungimus ad hanc donationem, quatuor mansos, cum medietate decimi de vna medietate, quam pater noster* BERTRANNVS *dedit in villa, quæ vulgò nominatur* MANVESCA, *& propter hanc donationem, accepimus centum solidos à Monachis ipsius Monasterij. Facta carta ista an. Incarn. Dom.* M. LXV. *Indic.* 3. *ex Tab. Mont. Maior.*

A la page 841. Sur ce que j'ay dit en cette page, que quelques vns estiment que la femme de Guillaume VI. Comte de Forcalquier auoit nom Marguerite de Bourbon; c'est René Chopin qui l'insinuë *lib. 2. tit. 4. n. 4. de dom* disant qu'il y a eu autresfois côtentiô, entre le fils aisné de la maison de Bourbon, de la famille des Archambauds, & vn Comte de Forcalquier, mary d'vne fille de cette maison; Sur ce que ce Comte ne se contentant pas, pour la constitution du dot de sa femme, de l'argent qu'il auoit tiré: mais encore il vouloit auoir part au terres du Domaine de la Baronnie de Bourbon: dequoy il fut debouté, & le fils aisné de la maison de Bourbon entierement maintenu dans la possession de tout le domaine de sa famille. Iugement rendu du téps de Louys IX. Or il y a plus d'apparence que ce Comte de Forcalquier soit plûtôt Guillaume VI. l'Oncle, que non pas Guil-

Preuves pour les principaux points de la Genealogie des Comtes de Forcalquier.

Le nom de la femme de Guil., VI. Comte de Forcalq.

laume VII. de Sabran le neueu; puis qu'on a connoiſſance du nom de toutes les femmes de celuy-cy, & l'on n'a jamais ſceu au vray le nom de la femme de celuy-là.

En la méme page 841. il faut changer la Genealogie de ce Guillaume de Sabran, &
dire ainſi.

1208. GVILLAVME de Sabran Comte de Forcalquier, apres la mort de ſon Oncle *Genealogie de Guil. de Sabran Comte Forcal.*
1208. juſques à l'an 1245. ſa premiere femme auoit nom BERTRANDE 1206. il la repu-
dia, & elle ſe remaria auec Bertrand de Porcelet. La 2. MARGVERITE, fille de Gaucher
Sire de Salins 1211. d'auec laquelle il fut ſeparé, à cauſe de parenté au 4. & 5. degré, &
elle ſe remaria l'an 1221. auec Ioſſerand Gros, Seigneur de Brancion. La 3. nommée
MABILE, l'an 1242. de laquelle il n'eut point d'enfans. Il traitta des droits qu'il preten-
doit auoir au Comté de Forcalquier l'an 1220.

Ce Guillaume de Sabran fut pere, du premier lit, de — du ſecond lit, fut pere de

GERARD de Sabran de Forcalquier qui mourut auant l'an 1263. d'ÆMILIE ſa femme, fut pere de :
- Raimbauld,
- Montoliuet,
- Guillaume,
- Bertrand,

GVILLAVME de Forcalquier Seigneur de Pertuis 1256. d'ALIX de Baux fut pere de :
- Bertrand de Forcal. qui mourut à Naples ſans enfants.

GVILLAVME de Forcalquier dit de Salins, Seigneur de Crecia; d'AGNES du Mont S. Iean 1240. 1263. fut pere de :
- Pierre Seigneur de Crecia mort ſans enfans.

GAVCHER de Forcal. Seigneur de Ceireſte 1263.
- Yſabeau femme de Eſtienne de Coligny.
- Catherine Dame de Vaucy.

Le titre pour prouuer les quatre fils de Guillaume de Sabran Comte de Forcalquier,
eſt le ſuiuant, qui nous a été communiqué par le Sieur du Bouchet, qui eſt vne tranſaction faite entre les trois derniers freres, & fils de ce Guillaume, & la vefue tutrice des
enfans du premier frere, diſant:

ANNO M. CC. LXIII. VII. Kalend. Jun. &c, Cum eſſet compromiſſum, de expreſſa voluntate
Karoli Comitis Andegauiæ, Prouinciæ & Forcalquerÿ, inter Dominum Guillel. de SALINIS, *&
Dominum Guill. de* PERTVSIO, *& Gaucherium Dominum de* CESERESTA *ex vna parte; &
Dominum Giraudum de* SABRANO, *quondam fratrem prædictorum, ex altera, &c. in Dominum
Giraudum de Saccio militem, & Dominum P. Amicum Dominum de Airaga, & Dominum
Roſtagnum Cornutum Dominum de Cadaracha, Arbitros, &c. tandem dictus Vuillelmus de Pertu-
ſio ex vna parte, & Hugo de Bruza miles Procurator nobilis Dominæ ÆMILIÆ, vxoris quondam
dicti Domini Giraudi, tutricis liberorum & hæredum dicti Geraudi, ſcilicet Raiambaldi, Montis Oltueti, Guillelmi, & Bertranni &c. quibus adiudicantur pro legitima, XX. libræ annuatim
ſoluendæ in iuribus Pertuſÿ.*

A la méme page 841. au bout de la Genealogie des Comtes de Forcalquier, parlant *De Bertrand de Baux Seigneur de Pertuis.*
de BERTRAND Seigneur de Pertuis, apres ces paroles; Qui mourut à Naples ſans enfans,
& fit heritier Bertrand de Baux ſon couſin Comte d'Auelin, adjoûtez; Lequel Bertrand
de Baux fut infeodé de tous les droits de Pertuis par l'Abbé de Montmaiour, l'an 1281.
& tranſigea auec l'Abbé, pour raiſon de ſes droits.

A la page 879. où il eſt parlé de la Principauté d'Orange; pour la preuue que cette
Principauté étoit fort anciennement ſouueraine, & faiſoit battre monoye ſur la fin, pour
le moins, de la premiere race de ſes Princes, ſert vne piece de monnoye d'argent, de la
grandeur enuiron d'vne ancienne piece de cinq ſols dite Barberine. laquelle piece eſt encore entre les mains du Sr Blanc Procureur en la Cour des Comptes, où il y a au milieu
d'vn reuers la figure d'vne Croix patée, entourée d'vn rond portant ces paroles SIGNVM
CRVCIS, enfermé d'vne autre plus grand rond auec cette legende à l'entour, MONETA
CIVITATIS ARAVSICA. & de l'autre reuers vn homme à cheual (marque de Souue-
raineté) tenant de la main droite vne lance, au bout de laquelle il y a vne banderolle.

& de la gauche vn écu, dans lequel il y a vn Cornet, qui ſont les armes d'Orange, auec cette légende à l'entour B....A... PNCPS. AVRA. qui veut dire *Bertrandus Princeps Auraſicanus.* Or ce Bertrand, qui ne peut étre vray ſemblablement que le premier du nom, viuoit l'an 1150. & a été le premier Prince d'Orange de la race de Baux, du Chef de Tiburge ſa femme, Princeſſe d'Orange derniere de ſa race; le mary portant les armes de la Principauté de ſa femme; puis qu'on void icy les armes d'Orange, qui ſont vn Cornet, & non pas vn Comete, qui ſont les armes de la maiſon de Baux, telles que portoit Hugues de Baux Baron de Baux pere de ce Bertrand, ainſi que nous demonſtrons en la page 910. au diſcours de la Baronie de Baux.

S. Martin d'Vbaye & Salonet fiefs dépen-dans de l'Iſle Barbe de Lyon.

A la page 908. en cette belle tranſaction, faite entre Charles premier Comte de Prouéce, & le Monaſtere de l'Iſle-barbe, pour les terres de la Vallée d'Oulle, que j'ay rap-portée en la page 908. j'auois oublié de coucher vn article aſſés important pour l'Egli-ſe; par lequel le Comte s'oblige de rendre à ce Monaſtere, les fiefs de *S. Martin d'Vbaye, & de Salonet*, qui ſont en Prouence, auec toutes leurs dependances, diſant: *Item fuit actum, conuentum, & retentum, quod ipſe Dominus Comes reſtituat, & reſtituere teneatur Domino Abbati, & Monaſterio ſupradicto, feudum Caſtri S. Martini de Vbaya, & de Salono, & merum, & mixtum imperium caſtrorum prædictorum, & omnia alia quæ ibi poſſidet, dictus Dominus Comes reſtituet, & reſtituere teneatur Domino Abbati, & Monaſterio ſupradicto, & ſpecialiter laudimia, trezenaquæ ipſe Dominus Comes percipit, in caſtris ſupradictis, & quolibet eorumdem, &c. Acta fuerunt hæc apud Brinoniam in Eccleſia dicti loci, anno & die quo ſupra; præſentib. teſtib. infraſcriptis, ad hoc vocatis ſpecialiter, & rogatis Domino Bertrando Raymbaldo,* (il eſt de la maiſon de Simiane, & eſt nommé icy le premier, deuant les Seigneurs de Mcoillon, Seigneurs de Ribies, qui étoient de tres-grands Seigneurs, & parens aux Comtes de Forcalquier) *Bertrando de Medullione Domino de Riperijs, Domino Guil. de Mouſteriis, Domino Guil. Augeri, Domino de Vitrolo: Fr. Ioanne priore de Claramonte, Bertrando priore Monaſteri: Alamontis, Raimundo Sacriſta Bolenæ, & plurib. aliis. Ego Thomas Plampeyl auctoritate Apoſtol. Not. &c.* tiré des Archiues du Roy à Aix & d'vn extrait conſerué par le Sieur Cameret, Prieur de Beaumont, grand Vicaire de l'Abbé de l'Iſle Barbe.

Fin des Additions du Tome premier.

www.ingramcontent.com/pod-product-compliance
Lightning Source LLC
LaVergne TN
LVHW012148170726
843503LV00009B/4040